ブラック化する学校

少子化なのに、なぜ先生は忙しくなったのか？

前屋　毅

青春新書
INTELLIGENCE

はじめに――なくならない「いじめ」や「不登校」の背景にあるもの

学校の先生は多忙を極めている……マスコミなどでよく取り上げられるフレーズだが、それに首をかしげる人が多いのも事実である。

「少子化で子どもの数は減っているのだから楽になっているんじゃないか」とか、「夕方になって子どもたちが学校から帰ってしまえば教員は暇なんじゃないか」といった意見が、わたしの周りからも聞こえてくる。だから「それほどでもないんじゃない?」というわけだ。

わたし自身にしても、「本当に教員は多忙なのか」という疑問を長く持ち続けていた。それが本書を書こうと考えた理由の一つでもあった。

「教員は多忙だ」の一方で、学校環境の悪化に関する情報も次から次へと耳に飛び込んでくる。いじめや自殺、登校拒否など、学校が「正常」に機能していれば起きるはずのないことが頻繁に起きているようなのだ。

「正常」には、教員がきちんと子どもたちに対応していれば、という意味も当然ながら含まれている。教員の仕事は子どもたちに対応することなのだから、その仕事を教員たちがちゃんとやっていれば学校の環境悪化などないはずだし、少なくともマスコミが大々的に取り上げるような事態になるはずがないのだ。

「教員は多忙だ」といわれるくらい、教員が子どもたちへの教育や指導に追われているのなら、学校がそんな状況にあることが不思議でしかない。学校における問題が深刻化しているのは、多忙どころか、教員が仕事をしていないからではないのか、と突っ込まれても仕方ないだろう。

「教員の多忙」が事実だとすれば、そして、それでも子どもたちにとっての環境が悪化しているのだとすれば、「多忙」の意味が違っているのかもしれない。あるいは現在の教員の仕事が、わたしも含めて保護者たちが考えているようなものではないのかもしれない。

「教育改革」という言葉が、新聞紙上をはじめとして多くのメディアで取り上げられている。現在の安倍晋三政権は、二〇〇六年に発足した第一次政権のときから、いったん政権から離れて二〇一二年に返り咲いてからも、教育を最重要課題とする姿勢を取り続けてきている。

しかし、教育が「改善」されたようには見えない。学校がよくなったと実感しているという声も、保護者からまったくといっていいほど聞こえてこない。

実際、先述したように、いじめや自殺の報道は珍しくない。それだけ見ても、子どもたちの学ぶ環境が改善されてきているとはとうてい思えないのだ。

さらに総務省の統計によれば、学校に行こうとしない「不登校」が小中学校で増えているという現実もある。

一九九一年度に不登校は小中学校合わせて六万六八一七人だった。それが二〇一五年度には一二万六〇〇九人と、ほぼ倍になっている。

全生徒数は一九九一年度が一四三四万五七四三人だったのが、二〇一五年度には一〇〇二万四九四三人と、四〇〇万人以上も減少している。つまり、生徒数は減っているにもかかわらず、不登校は倍に増えているわけだ。学校が子どもたちにとって居心地のいい場所にも、学びを得る場所にもなっていない証拠ではないだろうか。

教員が「多忙」なほど働き、政府は「改革」を強調しているにもかかわらず、子どもたちにとっての学校は悪化しているのだ。「多忙」も「改革」も、少なくとも子どもたちのためには功を奏していない。

子どもたちにとっての学校環境を改善するものでなければ、「多忙」も「改革」も意味がない。ということは、現状の「多忙」も「改革」も、目指すべき本来の方向とは違う方向に向かっているのではないだろうか。

そうした疑問をさまざまな方向から考え、解き明かしていくことが、本書の狙いである。

ブラック化する学校

目次

第2章　公立小中学校で非正規教員が増えている理由
——今や六人に一人！　クラス担任が非正規は普通のこと…？

第3章　心を病む先生たち
――なぜ教員には「精神疾患による休職」が多いのか

第4章　先生に、子どもに、競争を強いているのは誰か
――「何のために」勉強するか…子どもと教育の可能性を広げる視点

本文ＤＴＰ／エヌケイクルー

第1章 先生はなぜ〝忙しくなった〟のか

——モンスターペアレントへの対応、部活…だけじゃない真実

小学生よりも読書時間が短い先生たち

◇えっ、一日の読書時間は一三分…!?

一般に「先生」と呼ばれているように、教員は「知的」な職業と思われている。子どもたちに「勉強を教える」のだから、当然ながら、それ相応の知識を持ち合わせてもいる。そうでなくては、保護者は安心して子どもたちを任せておくことはできない。

実際、全員が大学を卒業しているし、子どもたちに教えるための教育を受け、教員資格を得るための試験を受けて、合格している。それだけに、知的レベルは高いはずだ。

しかし、教員たちがそのイメージにふさわしい知的生活を送っているかといえば、どうも実態は違うようなのだ。

公益法人「連合総合生活開発研究所（連合総研）」による「教職員の働き方・労働時間の実態に関する調査」（速報、二〇一六年一二月）という資料がある。連合総研が全国の公立小・中学校・高等学校・特別支援学校教員五〇〇〇名を対象にして調査、レポートしたものだ。

それによると、一日の平均読書時間は、学校に行って授業をしている勤務日で、小学校教員では一四分、中学校教員では一三分となっている。お世辞にも、多い読書時間とはいえない。

連合総研のレポートによれば、労働者全般の読書時間は三五分となっている。労働者全般よりも少ない読書時間では、とても知的生活を送っているとはいえない。一般的な教員のイメージから実際は、だいぶかけ離れた生活をしているとしか思えない。

◇小学生の半分以下

それどころか、驚くなかれ、小学生よりも少ない読書時間でしかないのだ。小学生の読書については「一カ月に何冊読んだか」という調査は多いが、一日の読書時間について聞いたデータは少ない。そうしたなかで学研教育総合研究所が発表している「小学生白書」の二〇一〇年九月調査に、小学生に学校から帰ってきたあとの生活で、どれくらいの時間を読書に充(あ)てているかを聞いたアンケートの結果がある。

それによると、最も多いのが「三〇分〜一時間未満」で、一年生から六年生までの全体で五五・八％を占めている。一年生では六一％だ。小学生の多くが、学校から帰ってきてから、三〇分から一時間ほどを読書に充てているというわけだ。

これを先の教員の読書時間と比べてみれば、唖然とするだろう。つまり、教員は小学生よりも読書時間が少ないのが実態なのだ。「先生」と呼ばれている人たちが、彼ら・彼女らをそう呼んでいる子どもたちよりも本を読んでいない。

なぜ、教員は小学生よりも読書に時間を割かないのか。読書嫌いの人が教員に集まってしまっているのだろうか。

◇「読書しない」のではなく「できない」実態

その謎を解くカギが、学研教育総合研究所のデータにある。三〇分から一時間ほどの読書をしている一年生が六一%もいる一方で、六年生では四七%になっているのだ。このデータだけでいけば、高学年になれば読書しなくなるわけだ。教員はもっと読書時間が少ないわけで、日本人は歳を重ねていけば読書をしなくなる、という方式が導き出せそうな気がしなくもない。

もちろん、そんなことはない。理由は簡単で、六年生になれば、しなければならない勉強の量が増える。学習塾や習い事に取られる時間も、六年生になると一年生より格段に多

(図表1−1)教員の平均読書時間

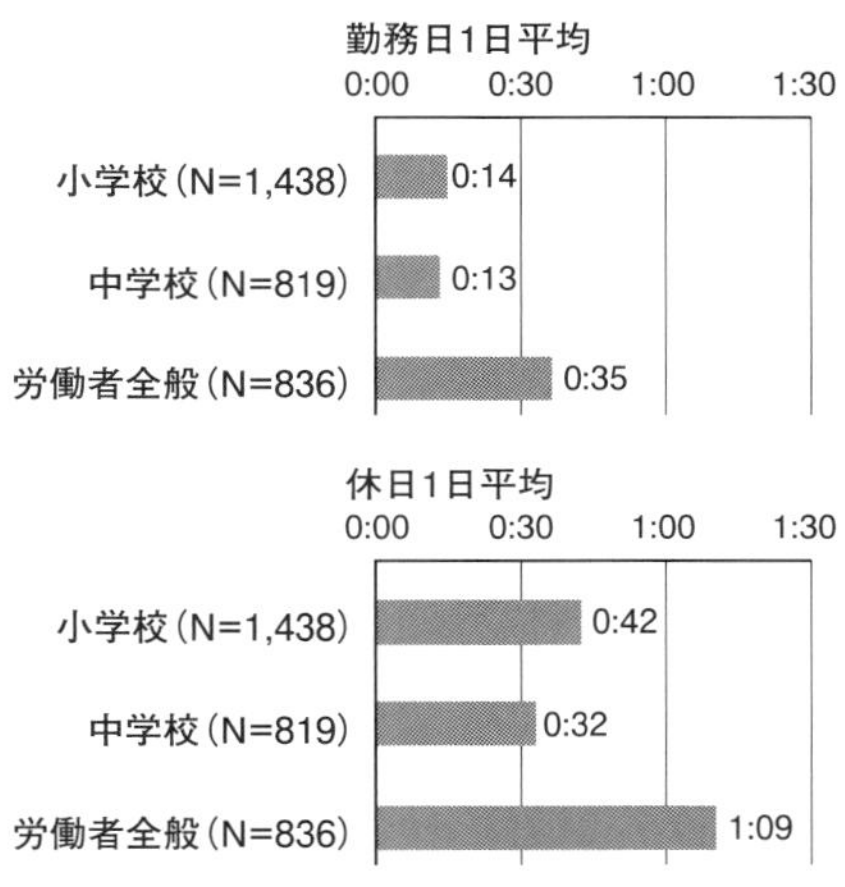

公益法人「連合総合生活開発研究所」による「教職員の働き方・労働時間の実態に関する調査」(速報、2016年2月)

(図表1−2)小学生の読書時間

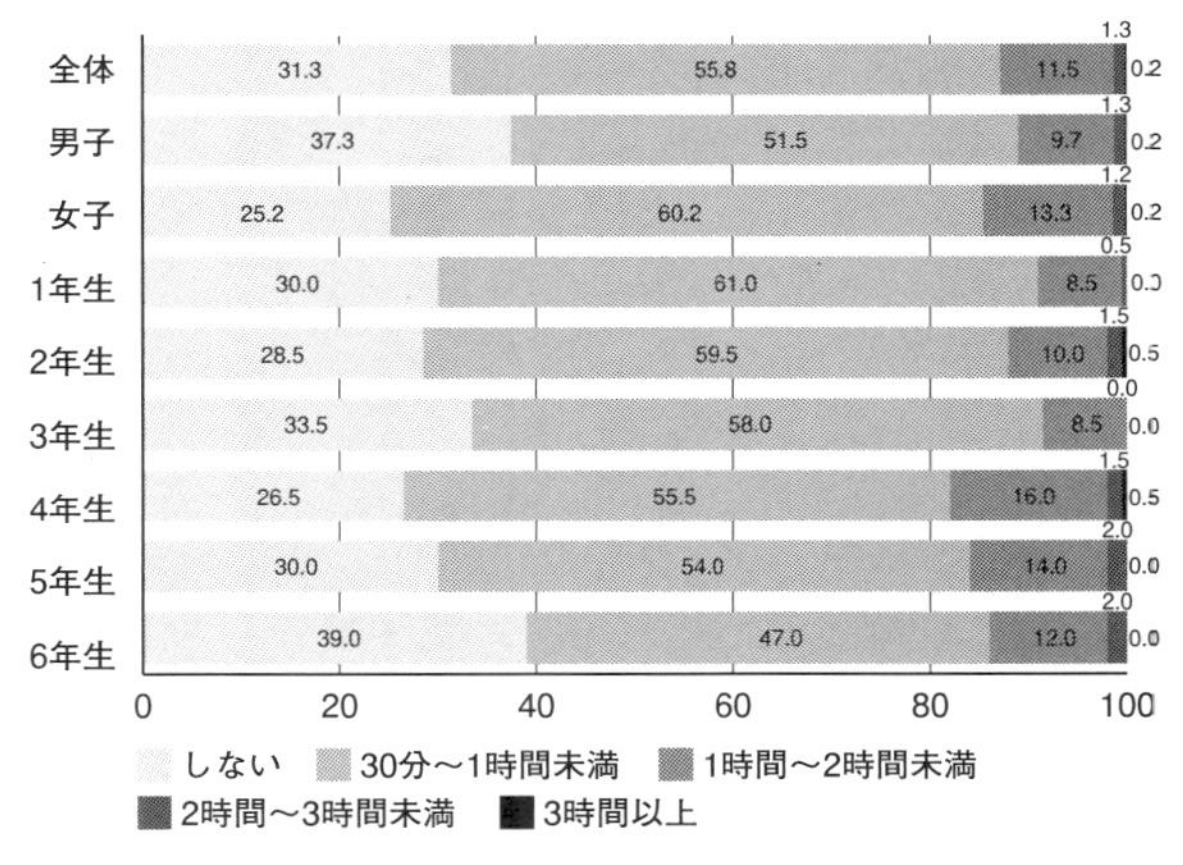

学研教育総合研究所「小学生白書」2010年9月調査

くなる。だから、読書に充てる時間が少なくなってしまうのだ。「読書しない」のではなく、「できなくなってしまう」のである。

同じことが教員にもいえる。読書をしないのではなく、読書以外に時間を取られることが多くて、読書時間を割けないのが実情なのである。その結果が、「読書をしない教員」をつくり出してしまっているのだ。

教職を職業に選ぶくらいなのだから、もともとは読書好きな人が多いにちがいない。にもかかわらず読書できないのだから、それによるフラストレーションも大きいはずである。

読書をしない、それによるフラストレーションを大きくしているにちがいない教員たちが、子どもたちを相手に授業をしているのだ。それが学校の現実である。

「教師ほど楽な商売はない」の現実

◇かつての教師は余裕があった？

教員は、なぜ読書の時間を確保できないのだろうか。思うような読書の時間が確保できていないとすれば、いったい、一日に何時間くらい働いているのだろうか。

子どもたちは小学校だと朝八時くらいには登校して、読書やドリルなど学校独自の「朝活」をこなしてから授業を受けることになる。そして高学年でも、一五時半くらいには下校時間となる。

教員の仕事は子どもあってのことだから、子どもたちが下校してしまえば仕事もなくて「暇な時間を過ごしている」と思っている保護者は少なくないかもしれない。それが実態なら、「教員ほど楽な商売はない」ということになる。

実際、かつての教員は「余裕」があるように見えていた。放課後に子どもたちと遊ぶ教員は少なくなかったし、冬休みも夏休みも長く、それを利用して旅行する教員が多かった。

もっとも、「ただ遊んでいたわけではない」と七〇代の元教員はいった。「子どもたちと遊ぶのも、授業だけでは知ることのできない面を知ることができるし、旅行は見聞を広めて、それを授業に生かす目的もあったんですよ」と続けた。

そういう勤務状態なら、読書の時間も十分に確保できる。働くのも楽しいにちがいない。その状況が現在も続いていれば、教職を希望する若者たちももっともっと多くなっているはずである。

ところが、教職を希望する若者は減ってきているのが実情だ。

◇景気と教職希望者数の相関関係

文部科学省（以下、文科省）が発表している「二〇一五年度公立学校教員採用選考試験の実施状況について」によれば、受験者総数は一七万四九七六人で、前年度に比べて二八四四人（一・六％）の減少となっている。小学校だけで見ても前年度に比べて二・四％減って、中学校では前年度比二・七％減である。

文科省は、「昭和五四（一九七九）年度から平成四（一九九二）年度までは一貫して減少を続けていたが、以後、平成一七（二〇〇五）年度まで連続して増加、以後は横ばいの傾向のあと、平成二二（二〇一〇）年度から再び増加。近年は横ばい傾向となり、平成二七（二〇一五）年度は微減し、昭和六一年度と同程度の水準になっている」と解説している。

経済状況と見事に符合しており、七九年から九二年の、いわゆるバブル期には減少が続き、バブルがはじけて業績が落ち込んで企業が採用を絞り始めると受験者は増加傾向になっているのだ。

それから教員採用試験の受験者が横ばい傾向になるのは、経済は不安定ながらも企業が人手不足を背景に採用に力をいれはじめたからで、その傾向は近年になっても続いているために教員採用試験の受験者は「微減」になっている。

経済がよくなってきて企業が採用に力を入れれば教員採用試験の受験者は減るし、逆に経済が悪化して企業が採用を絞れば受験者は増える、というわけだ。

◇「先生って職業はどう？」

かつての「教員ほど楽な商売はない」に近い状況が続いていれば、企業の採用傾向によって受験者は増えたり減ったりしないはずである。楽ができる仕事を選びたいのは人の性（さが）だから、企業の動向に左右されずに人気職業となっていてもよさそうなものだ。

そうならない理由の一つは、「教員ほど楽な商売はない」という評判が現在の学生の間には存在しないからである。就職に関して学生が情報を集める熱心さは大変なものだから、教員という職業について情報を集めたり、「先生って職業はどう?」と先輩に話を聞いたりしているはずである。

そうして学生の耳に入ってくるのは、「教員ほど楽な商売はない」とはまるで逆の情報、意見ばかりなのが現実だ。

そのなかには労働時間の長さも間違いなく入っている。子どもが下校してしまえば仕事はなくなるどころか、それからも仕事は終わらない、と教えられるにちがいない。子どもが帰ってからが仕事、という意見もあったりするかもしれない。

◇平均的なビジネスマンより一日四時間も多く働いている

連合総研の「教職員の働き方・労働時間の実態に関する調査」の二〇一五年調査によれば、教員の出・退勤時間、つまり学校にいる時間は小学校の場合で平均七時二九分から一九時一一分との結果が出ている。一日に一一時間四二分も学校にいるというわけだ。

それだけではない。自宅に持ち帰っての仕事などに平均一時間九分を費やしているとい

（図表1−3）教職員の出・退勤時間

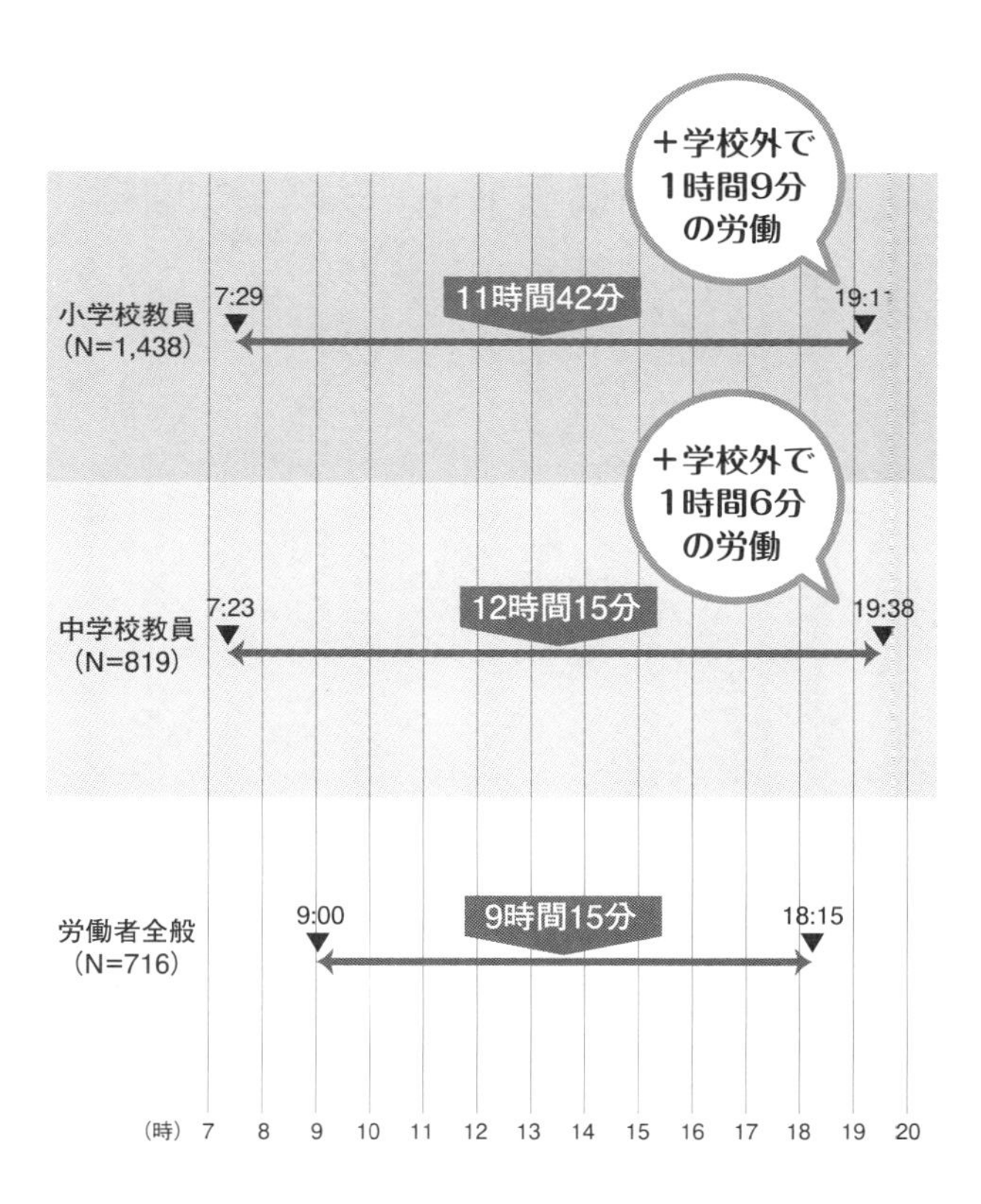

公益法人「連合総合生活開発研究所」による「教職員の働き方・労働時間の実態に関する調査」2015年調査（小学校・中学校教員）、2007年調査（労働者全般）

う。つまり、小学校の教員は平均で一二時間五一分、約一三時間も働いていることになる。

中学校の教員になると、七時二三分に登校して一九時三八分に下校と、学校に一二時間一五分もいて仕事している。さらに学校外で仕事に費やしている時間が一時間六分というから、一日の労働時間は一三時間二一分となる。

小学校・中学校の教員は、平均で一日に一三時間も働いている。「オレはもっと働いてる」というビジネスマンも少なくないと思うが、これは平均であって、もっと労働時間の長い教員はたくさん存在している。

連合総研の二〇〇七年調査によれば、労働者全般の平均した出・退勤時間は、九時から一八時一五分となっている。

つまり、九時間一五分の労働時間である。これと比べれば、教員の労働時間はかなり長くなっている。どんどん忙しくなっているのだ。

教員は楽な商売ではない。それどころか、それとは真逆の職業が現在の教職なのだ。

教員の労働時間が世界一長い日本は「教育熱心な国」?

◇諸外国に比べて圧倒的に長い労働時間

日本の教員の労働時間は、国際的に見ても格段に長くなっているのが実態だ。

OECD（経済協力開発機構）が三年に一回行っている「国際教員指導環境調査（TALIS＝「Teaching and Learning International Survey）」の二〇一三年調査結果（二〇一四年発表）によれば、日本の中学校教員は一週間あたり五三・九時間も働いている。週六日制になりつつあるが、この時点では週五日の学校がほとんどなので、一日あたりにすると一〇・七八時間の労働時間ということになる。

先述の労働総研の調査による一二三時間よりは少ないが、労働総研は出・退勤時間をベースにしており、TALISは複数の仕事について訊ねた時間を合計して計算しているためだと思われる。TALISが訊ねていない仕事の時間はカウントされていないわけで、その分だけ少ないと見ていい。

ともかく、TALISによる日本の教員の週あたりの平均労働時間は五三・九時間なのに対して、調査対象となったＯＥＣＤ参加の三四カ国・地域の平均は三八・三時間なのだ。日本は他国・地域に比べて一五・六時間も多い。一日あたりで考えれば三時間も多く働いていることになる。

教育熱心な国として知られる韓国の教員の労働時間は三七時間だ。四〇時間を超えているところはオーストラリア（四二・七時間）、デンマーク（四〇時間）、マレーシア（四五・一時間）、ポルトガル（四四・七時間）、シンガポール（四七・六時間）、スウェーデン（四二・四時間）、アルバータ（カナダ、四八・二時間）、そしてアメリカ（四四・八時間）といった国・地域が名前を連ねている。

見てもらえばわかるように、五〇時間を超えている国・地域は一つもない。日本だけが五〇時間を超えてしまっているのだ。

◇それは「教育熱心な国」だからなのか

この結果について、諸外国から「さすがは教育熱心な国」と評価されているかといえば、そんなこともない。教員の労働時間の長い日本を見習おう、といった声らしきものもＯＥＣＤ参加国・地域の、どこからも聞こえてきてはいない。

日本の労働者の労働時間の長さは世界的に注目を集めてきた。戦後の焼け跡から奇跡の復興を遂げた日本経済を支えてきたのは、長時間労働に耐えてきた勤勉な労働者がいたからである。だから、日本経済の勢いに危機感を持った多くの国々から日本を警戒する声が高まり、日本経済を支える長時間労働に批判の声が集まった。もっとも、「働きバチ」と揶揄（やゆ）されたように、長時間労働は人間本来の営みを犠牲にした、非人間的な働き方だという批判も少なくなかった。

◇子どもの教育にどこまで寄与している？

では、教員の長時間労働に支えられた日本の教育は、ＯＥＣＤの国・地域、そのほかの国から危機感を持たれているのだろうか。経済と同じように、「このままでは教育は日本の独壇場で、自国の子どもたちがこぞって日本に教育を受けに行ってしまう」と、他国が恐怖心を募らせるようなことになっているのだろうか。

はっきりいえば、そんなことにはなっていない。定員割れを起こしそうになるほど経営難に陥っている大学が日本には少なくない。その定員割れ寸前の状況を留学生で埋めている大学もある。その留学生は日本の教育を受けるためではなく、日本で働くために日本の大学に籍を置いているケースも珍しくない。

小学校、中学校、高校にしても、日本式の教育を学ぶために世界中から視察者がやってくる、といった話は聞いたことがない。日本の経済成長は注目されたが、残念ながら、日本の教育が国際的に注目されているわけではないのだ。

それでも、教員の長時間労働だけは注目されている。ただし、「そんなに働いてどうするの?」という好奇の目で注目されているにすぎない。教員が長時間働いている日本の教育は、世界的には異質なものになってしまっている。

「現場を知らなすぎる」改革案

◇議員連盟による「中間取りまとめ」の中身

日本の政府や政治家は以前から、国内から問題点を指摘されてもなかなか動かないが、国外から指摘されるとすぐ動くという不思議な習性を持っている。

教員の長時間労働については、これまでマスコミをはじめいろいろなところで、「問題だ」と指摘されてきた。しかし、政府も政治家もなかなか重い腰を上げようとはしてこなかったのも事実だ。

それが、OECDのTALISで「日本の教員の労働時間は最も長い」と指摘されるやいなや、にわかに動き始めた。まずは自民党である。

二〇一六年の五月三一日、自民党の「教員の長時間労働の是正に関する議員連盟」が提言に向けた中間取りまとめを行い、会長の塩谷立（しおのやりゅう）（衆院議員、元文部科学大臣）らメンバーが文科省を訪れ、馳浩（はせひろし）文科相（当時）に手渡した。

教員の長時間労働という長年の課題に取り組むために、時間をかけて念入りに検討してきたのだろうと考えるのが普通だが、この議員連盟が設立されたのは、中間取りまとめを馳文科相に手渡す一二日前の五月一九日である。

その「中間取りまとめ」も、わずかA４判の用紙に一枚だけである。その内容を見れば、教員は当然のこと、学校関係者でなくても首をかしげるのではないだろうか。「中間取りまとめ」の冒頭には、次のように述べられている。

「今日の学校を取り巻く環境の複雑化・困難化を背景として、教員の長時間勤務が慢性化しており、児童生徒と向き合う時間が十分に確保できず、教員が新しい時代に対応した教育の質の向上にしっかり取り組めない現状は由々しき状況である」

この現状認識は、当を得ている。これに異を唱える教員は、全国を探し回ってもただの一人も発見できないはずだ。そして、「中間取りまとめ」は次のように続けている。

「教員の長時間労働に支えられている状況は既に限界に来ており、学校指導体制を含めた仕組みを抜本的に改革し、持続的な体制へと再構築していく必要がある」

これを読んだ全国の教員は、きっと感動したはずである。「やっと自分たちの状況が理解されたか」というわけだ。

◇仕事をとっとと終わらせて、六時に帰りなさい…？

しかし、それに続く、長時間労働を解消するための「具体案」に目を移して、教員たちは愕然(がくぜん)としたはずである。その「具体案」として最初に掲げられているのが、「教員の働き方を改革し、教員が一八時までに下校できる環境整備を目指す！」なのだ。

午後六時までに全員が下校できる体制が望ましいのはわかり切ったことである。その体制をどうやって整えていくかが問題なのだが、「取りまとめ」には「勤務時間内に教材研究や授業準備等を行える環境を確保し、教員全員の一八時までの下校を目指し」とあるだけだ。

微妙な言い回しなのだが、つまりは、午後六時に下校できるように教員の一人ひとりが教材研究や授業準備等を勤務時間内に終えなさい、といっているだけのことである。グズグズやっていないで、さっさと仕事を片づけなさい、というわけだ。

教員にしてみれば、長時間労働は効率的に仕事をやらない教員の責任だといわれたのと同じである。これについて、ある教員は「現場を知らなすぎる」と怒りともため息とも思える感想を漏らした。

教員の長時間労働を是正するという議員連盟は、「早く仕事を終わらせなさい」といっているだけで、そのための具体策は示していない。「六時に終わらせろ」というだけで教員が六時に帰れるようになるなら世話はない。

社長が「これだけの売り上げ」と目標を決めれば、どんなに現実離れしていようが社員は闇雲(やみくも)に突っ走らなくてはならない、といったことが企業ではよくある。それによって不正、ごまかしが横行する企業が少なくないことも報道されてきている。早く下校させることだけを優先して、そのための環境を整えないのでは、同じことが学校でも起きかねない。

これでは長時間労働の問題を根本的に解決することにはならない。それどころか、さらに学校環境は悪化するだけだ。そんな学校で学ばなければならない子どもたちこそ、最大の被害者になりかねない。

「六時に終わらせなさい」と提言することも大事だが、それ以上に必要とされているのは、「六時に終わらせるための具体的な環境づくり」についての提言であろう。

部活のために長時間労働になっている、は本当か

◇「部活に割く時間を短くすればいい」

「先生が忙しい」といわれるときに、中学校の教員の場合には、その理由として部活動が挙げられることが少なくない。

授業には直接関係のない部活なので、たしかに「余計な仕事」なのかもしれない。しかし、子どもたちにしてみれば、部活は大事な時間であることは間違いない。だからこそ、部活の指導は、教員にとっても意味のあることなのだ。

自民党の「教員の長時間労働の是正に関する議員連盟」の中間取りまとめには、教員の部活における負担を減らすため、「大会等の特別な場合を除き、土曜日、日曜日などを休養日とする」案が盛り込まれている。

さらに続けて、「とともに」として、「外部指導者に適切な研修等を実施した上で、積極的な配置の促進を行うこと」とも記してある。順番から察すると、「土、日を休養日とする」に比重がかかっている。

この、部活のために教員が割いている時間が長すぎる、という問題が指摘されたのも外国からだった。TALISの二〇一三年調査結果報告書は、課外活動（例：放課後のスポーツ活動や文化活動）に使った時間が、日本の教員の平均は一週間で七・七時間と報告している。

OECD参加国・地域のなかで三時間を超えているのはアルバータ（カナダ）とアメリカだけで、それでも両方とも三・六時間でしかない。つまり、日本の教員は世界的に見ると、部活動のために断トツで時間を割いているわけだ。

日本の教員が割いている時間が長いのか、それとも他国・地域の教員が割いている時間が短いのか、自民党議員連盟の中間取りまとめでは熟考されていない。長時間労働の問題と部活に割いている時間の長さを単純に結びつけて、「それなら部活に割く時間を短くすればいい」との結論になっている。そして、「土、日は休養日にしろ」というわけだ。

◇土、日を休養日にできるのか

改めていうまでもないが、部活において、土、日は貴重な位置を占めている。放課後よりも、より多くの時間を確保できるからだ。時間がたっぷり取れることから、運動部では遠征による練習試合に充てられることも珍しくない。

その土、日を休養日にしてしまえば、貴重な練習時間が失われることになる。練習をしたい、部活をしたい子どもたちにとっては、間違いなく残念な状況になってしまう。「教員のため」に子どもたちの要求を無視するということになれば、教員に対する子どもたちの信頼も失われる。教員と子どもたちの間に新たな摩擦が生まれるかもしれないのだ。

制度的に土、日の部活を禁じても、子ども思いの教員なら、それに反して部活をやるかもしれない。

もちろん、制度的には禁じられているのだから、その分の賃金は支払われない（後述するが、現在でも十分な報酬ではない）。つまり、教員の長時間労働の問題は解決されないばかりか、「ただ働き」が広まることにもなりかねない。

教員に「ただ働き」を強制することにならないためには、議員連盟の中間取りまとめが「ともに」としている部分を優先すべきではないだろうか。

つまり、「外部指導員の積極的配置」である。部活の顧問を教員がやるのではなく、外部指導員に任せてしまえば、教員が部活に割く時間はゼロにできる。最も効果的な策だ。

◇外部指導者の予算をどこから持ってくる？

とはいえ、教員の参加をゼロにできるだけの外部指導員を調達するのは、並大抵のことではない。当然ながら、賃金ゼロというわけにもいかないので、それ相応の新たな予算が必要になってくる。その予算をどこから持ってくるか、という問題になってくる。

予算をかけずに外部指導員に任せるとなれば、「ボランティア」というアイデアも出てくるかもしれない。

ボランティアという名の「タダ働き」になるわけだが、質の伴ったボランティアを「無料」で確保するのは、これまた簡単なことではない。質を伴うには、やはりそれなりの報酬が必要だろう。労働問題としても、「タダ」は問題だ。

外部指導者の件を自民党議員連盟は「付け足し」程度にしているのも、それを現実化するのは簡単なことではないからだ。

今後、自民党議員連盟が、部活動の時間を制度的に短くするのではなく、教員の負担を軽くしても子どもたちが存分に部活動のできる環境をつくるための具体案を提案してくれることを期待したい。

部活の顧問をしていない教員との労働時間の差は

◇部活の顧問はどのくらいの負担なのか

自民党の議員連盟が、教員の長時間労働を解消するために土、日の部活動を制度的に休養日にする案を提言したことを前項で紹介した。しかし、それでは根本的な問題の解決にはならない。それを、もう一つのデータを使って示してみたい。

これも少し古いが、全日本教職員組合（全教）が「勤務実態調査2012」において公表しているものだ。中学校で部活の顧問をしている教員と、そうでない教員の時間外勤務の時間を比較している。

平日については、顧問をしている教員の平均時間外勤務時間は五六時間四九分である。そして顧問をしていない教員のそれは、五六時間二九分となっている。つまり、顧問をしている教員と顧問をしていない教員の時間外勤務時間は二〇分の差でしかないのだ。

それくらいの差でしかないのなら、長時間労働の原因を部活に求める認識そのものが間違っている、と指摘しなくてはならない。一方で、たった二〇分しか部活の面倒を見ていないのか、とあきれるかもしれない。

もちろん、早合点してはいけない。ちょこっと顔を出すだけで、あとは子どもたちの自主性に任せる、という顧問もたしかにいる。しかし、部活の時間はつきっきりで指導している顧問も多い。そのほうが多い、といっても過言ではない。

では、なぜ、たった二〇分の差なのだろうか。顧問をしている教員は、顧問をしていない教員がやっているような時間外勤務をしていないのか。そんなことはない。

顧問をしている教員が、顧問をしている分だけ仕事を免除されることなどありえない。数学を担当している教員が、部活の顧問をしているからといって、顧問をしていない数学教員よりも授業時間を少なくしてもらっているなどということは絶対にない。顧問をしていても、していなくても、授業に関してはまったく同じことをやらされている。

◇〝たった二〇分の差〟の真実

にもかかわらず、なぜ二〇分の差にしかなっていないのか。答えは簡単で、その分を土日にやっているのだ。顧問をやっているために平日に時間が割けない作業は、土、日にやるしかない。

先の全教の調査結果によれば、顧問をしていない教員の土、日の時間外勤務は七時間一五分である。これに対して、顧問をしている教員のそれは二三時間五分にもなっている。顧問をしている教員は、顧問をしていない教員より一五時間五〇分も多く、土、日に仕事をしているわけだ。

ここには対外試合など部活動のための時間外勤務も含まれる。そのうえで、平日にはできなかった書類作成などの仕事も片付けていることになる。

だから、土、日の時間外勤務が二三時間を超えている。土、日を平均で割っても、一日あたり一二時間近くの勤務になってしまう。土、日は休みなどという感覚など忘れてしまいそうな労働時間である。

これが実態なのだから、「土、日の部活は禁止」といってみたところで長時間労働は解消しない。土、日の部活動の時間はなくなっても、平日できなかった時間外勤務分の仕事はなくならないからだ。

土、日に部活動ができないとなると、平日の部活の時間を増やすことにもなりかねない。全体の練習時間を確保するためには、平日の練習時間を長くするしかない。そうなると、土、日の時間外勤務の時間が平日に振り分けられただけのことになる。根本的な長時間労働の解消にはならない。

しかも、平日の練習時間を長くしたところで、対外試合などをやれる時間の確保にはならない。顧問として十分な指導ができないことにもなりかねない。子どもたちも不満だろうが、顧問としての教員も不満を膨らませることになる。

それなら土、日の対外試合だけ外部のコーチなどに頼めばいい、といった意見もあるかもしれない。しかし、土、日しか来ないコーチが、子どもたちのことを理解できるだろうか。子どもたちとの信頼関係を、十分に築けるだろうか。

そして、土、日の対外試合や練習には同行しない顧問を、子どもたちは信頼できるだろうか。子どもたちのことを十分に理解したうえでの指導が顧問としてできるだろうか。現実を踏まえた問題を解決する策こそが必要なのだ。

「何が」先生の時間を奪っているのか

◇部活指導は順位からいえばたいしたことない？

「忙しくて子どもの相手をしている時間がない」と、複数の教員からいわれたことがある。冗談をいっているのかと最初は思っていたのだが、それが何人も続くと本音の言葉なのだと思わざるをえなくなった。

そこで、「なぜ忙しいの？」と教員に問うと、必ず返ってくる答えがある。「提出する書類が多すぎて」である。

自民党議員連盟による教員の長時間労働を解消する提言（中間取りまとめ）は、午後六時には強制的に下校させ、土、日の部活動は休養日とする、といったものだった。これに文科省も乗り気である。

「休め」と上から命令するだけで長時間労働の問題は解決するというわけではない。それで解決したら何の苦労もないだろう。「絵に描いた餅」では問題は解決しない。

実は、部活動に休養日を設ける案は、新しいものではない。文科省は、一九九七年にも同様の通知を学校に向けて出している。結果は、まったくうまくいかなかった。理由は、これまで述べてきたように、それでは部活そのものが成立しないからである。

そして、現在になっても、相変わらず教員の長時間労働が問題になっている。さらに部活の時間も短縮されたりはしていない。

そもそも、部活だけが長時間労働の根本的な原因と考えてしまうことに問題がある。

連合総研がまとめた「教職員の働き方・労働時間の実態に関する調査（速報）」によると、負担感を感じる業務として、たしかに中学校教員は「クラブ活動・部活動指導」を挙げている。ただし、順位からいえば、それは第四位でしかないのだ。

その四位の問題を、最重要な問題のように取り上げることに、「なぜなのか」と思わざるをえない。四位の問題だけを解決したところで、長時間労働の問題が大きく改善されるとは思えないからだ。

◇小中学校の教員にとって負担になっている意外なもの

先の連合総研の調査によれば、中学校教員が負担を感じる業務の第三位は「児童・生徒の問題行動への対応」である。第二位が「国や教育委員会からの調査対応」となっている。

そして第一位には「保護者・地域からの要望等への対応」がランキングされているのだ。

小学校教員でも、第一位はやはり「保護者・地域からの要望等への対応」となっている。そして第二位も中学校教員と同じ、「国や教育委員会からの調査対応」だ。第三位に「成績一覧表・通知表の作成」、第四位が「児童・生徒の問題行動への対応」となっている。

こうした負担を感じる業務のために、教員は長時間労働を強いられているわけだ。それらを解決しなくては、長時間労働の問題が解消できるはずがない。

長時間労働の解消には、その一つとして部活動の問題に取り組む必要がある。ただし、土、日を休みにするだけの発想では根本的な解決につながらない。最も優先しなければならないことは、先の調査で上位にランキングされている問題を解決することだ。

しかも、文科省が本気で取り組もうと思えば、文科省が主体的になって解決できる問題がかなりある。それは、負担に感じる業務として、小学校と中学校の両方で第二位にランキングされている「国や教育委員会からの調査対応」である。

「忙しくて子どもたちの相手ができない」のは、教員たちが国や教育委員会による調査のために提出する書類の作成に時間を取られているからである。

パソコンが事務処理に利用されるようになって、書類や資料の作成は簡単になったというのが一般的な見方だ。そして、どんなことでも文書化しておくことが安心につながると思われてもいる。だからなのか、何でも書類化が求められる。

それは学校にかぎらず一般の企業でも同じで、会議をやるにも必ず資料を用意しなくてはならない時代で、それが社員の仕事を増やしている。学校でも同じ状況であり、それを教員たちはかなりの負担と感じているのだ。

◇その書類づくりは、どこまで役に立っているのか

教員の時間を奪っている提出書類は、国や教育委員会からの調査対応だけではない。遠足や運動会、校外学習など、何をやるにしても書類を作成して、校長や教育委員会のハンコをもらわなければならなくなってきている。

書類をつくることではなく、たとえば校外学習なら、どれだけ子どもと一緒になって課題に取り組めるかが大事なはずである。

書類をつくることに労力を奪われて、それで疲れて肝心の子どもとの時間が手抜きになってしまうのでは本末転倒でしかない。

風邪が流行する時期になると、子どもの健康状態はどうなのか、風邪での欠席状況はど

うなのか、全体の状況を把握するために文科省や教育委員会は学校にアンケートに答えるように命じる。

それを学校としてまとめるには、各教員が自分が担任するクラスについて、学校全体のデータをまとめる教頭などに細かく報告しなければならない。万事がこんな具合で、何かあれば学校や教員はデータづくりに追われることになるのだ。そのために授業が疎(おろそ)かになれば、これまた本末転倒である。

万事がこんな具合で、「こんなことまでアンケートを取るのか、レポートが必要なのか」と思いながら教員たちは毎日、提出するための書類をつくっている。それをもとにして改善されるならやりがいもあるのだろうが、「状況がまとまりました」で終わってしまうことが多い。

こうした書類づくりは、文科省や教育委員会が要求を減らすことで少なくすることができる。教員の負担を軽くすることができるのだ。

その分を教員は子どもたちの対応に充てることができる。そういう道を探ることこそが重要なはずだ。

「いい先生」が「ダメ先生」になってしまう理由

◇万引き記録は誤りだったにもかかわらず

二〇一五年一二月、広島県府中町の公立中学三年生の男子生徒が、自宅で自殺するという痛ましい事件が起きた。

その後の調査で、自殺の理由は一年生のときの万引きを理由に志望校への推薦が得られなかったためだったことがわかった。しかも、その万引きの記録は誤りだったことも判明した。

この事実がわかると、マスコミをはじめ世間は、いっせいに当時の担任教員に批判の目を向けた。

「なぜ、誤った情報に基づく進路指導しかできなかったのか」

「当人に聞けば誤りはわかったはずだ」

といった声があふれた。

あげくには、「ちゃんと生徒のことを把握していなかった」とか、「日頃から生徒をよく見て話していれば、過去の誤ったデータに気づかないはずはない」といった批判がエスカレートし、その教員に「ダメ教員」の烙印を押していく、お決まりの展開となっていった。

ところが、そうした騒ぎが一段落すると、「いい先生だった」「面倒見のいい先生だった」といった、まるで逆の評価が問題の教員の周辺から起きてくる。ただ弁護するのではなく、自分たちの知っている教員の実像と世間の評価のズレに戸惑いを感じての声だったといってもいい。

◇チェック機能が働かないのはなぜ？

そうした声を背景に、マスコミにも少し冷静な見方が生まれ始める。たとえば二〇一六年三月一六日付の『朝日新聞』は、関西学院大学の中村豊教授（学校教育学）の次のコメントを掲載している。

「誤った万引き行為の情報を修正できなかった理由の一つには、教員が多忙でゆとりがなく、チェック機能が働かなかったことがあるのかもしれない」

教員が忙しすぎるために、「子どもの相手をする時間がない」のが、冗談ではなく常態になっている。それを考えれば、担任の教員が生徒の誤った情報に気づかないのも責められることではない、というのだ。

もちろん、自殺という事実の前には猛省しなければならないことがあるのも当然だが、といって一方的に教員だけを責めることはできない。教員だけを責めたところで、今後の自殺防止につながっていかない。

そして中村教授のコメントは、次のように続いている。

「部活動の指導や事務量の増加など、『世界一忙しい』とされる日本の教員が、生徒と向き合う時間をより確保できるよう真剣に議論すべき時に来ている」

ただ制度的に働く時間を規制するのではなく、根本的に問題を解決する具体策を検討しなければならない。そうしなければ、教員が子どもの異変に気づかないような状況は解消されない。

広島県府中町での男子中学生の自殺を教訓にするのなら、「教員が生徒と向き合う時間をより確保できる」よう真剣に検討して、具体案を実行していかなければならない。「忙しくて子どもの相手ができない」などという台詞(せりふ)は冗談にしかならない環境をつくらなければならない。

残業代、休日出勤手当は実質ゼロ…!?

◇「残業代なし」が決められた経緯

午後六時の下校を義務づけても教員の仕事は終わらないからサービス残業が増える、と先に書いたが、実は教員の残業、つまり時間外勤務はすべてが、そもそもサービス残業でしかない。公立学校の教員には、残業代が支払われないシステムになっている。

戦後、教員の仕事は時間で区切りにくいという理由から、一般公務員より給与を高くする代わりに、残業代は原則認められないことになった。ところが、ほかの公務員の給料が上がっていくなかで、残業代がつかない教員の給与は相対的に低くなっていく。

そして一九六〇年代になると、残業代をめぐる教員による訴訟が全国で相次いだ。しかも行政側が次々に敗訴してしまう。

そこで政府は一九七一年に「公立の義務教育諸学校等の教員職員の給与等に関する特別措置法」(給特法)を定めた。ようやく教員の残業代が認められたかといえばそうではない。

この法律で、校長など学校側が教員に残業を命じることをやめた。そして、命じないのだから残業はない、という理屈で、「時間外勤務手当及び休日勤務手当は支給しない」と明記した。法律的に「残業代なし」を決めてしまったのだ。

かなり横暴なやり方というしかない。残業代について教員による訴訟が相次ぐなかで「手当なし」の法律をつくられて、よく教員が許したものだ、と思ってしまう。そこにはトリックがあった。

◇教職調整額という「餌」

手当なしを認めさせるために、政府は基本給の四%を「教職調整額」の名目で全教員に支給することにしたのだ。四%の額は当時の教員の平均残業時間だった八時間分に相当するものだった。

法律的に手当なしとなっても実質的には残業代がもらえるのだからいいか、と教員側では判断したのかもしれない。ただし、今となってみれば「甘い判断」でしかなかった。

八時間分の残業代がはじき出された背景には、文科省が六六年に初めて行った勤務実態調査の存在がある。その調査で、平均残業時間八時間との結果が出てきたのだ。給特法を成立させるために、教員たちをなだめる「餌」が必要だったのだ。それにまんまと教員側は乗ってしまった。

教職調整額が、手当なしの見返りならば、文科省は勤務実態調査を定期的に行うべきである。そこから判明する平均残業時間に応じた教職調整額を支給すべきだった。そういうシステムがあってこそ、教員側も納得すべきだったのだ。

◇「いくら働かせてもタダ」というシステム

ところが、文科省が次に勤務実態調査を実施するのは、四〇年後の二〇〇六年のことである。このころになると、教員の長時間労働が話題になっていた。文科省も調査に乗り出さないわけにはいかなくなったのだ。

結果は、教員の平均残業時間は約四二時間というものだった。少子化がいわれながらも、教員の残業時間は四〇年前の五倍以上にふくれ上がっていたことになる。

給特法を制定したときの理屈からいえば、四二時間分の教職調整額が支給されなくてはならない。文科省としても知らぬ顔はできないので、二〇〇八年度の概算要求で教職調整額の支給率を四%から一〇%の間で差をつける案を盛り込んだ。何%が支給されるかは勤務の評価によって決める予定だった。

しかし法制上の検討を行ったところ、教職調整額は一律に支給されなければならないとの結論になり、教職調整額のアップは見送られた。四二時間分の残業代を一律に支払うのは困難と判断したのだ。

仮に四二時間分の残業代を教職調整額として支給すれば、二～三兆円の予算が必要になるとの見方もある。これだけの額を新たに捻出するのは難題で、文科省が躊躇(ちゅうちょ)するのも無理はない。

そして、残業代分が上乗せされることもなく、教員の残業代なしは実質的に続いている。しかも、教員の長時間労働には拍車がかかりつつあるのが現実なのだ。

「働かせる側は、いくら働かせてもタダなんですから、どんどん仕事させようとします。文科省や教育委員会、校長は、教員にどんどん仕事を押しつけてくるんですよ」

と、あるベテラン教員がため息まじりにいった。

削減される教育予算で一番犠牲になるのは

◇一クラスの生徒数を増やすという時代錯誤案

教員の長時間労働を改善、解消するためには、大量の事務作業量を削減することが第一にやるべきことである。

もう一つは教員の数を増やすことだ。これが最も効果的な策であることは明白である。

なぜ、文科省が教員の数を増やす案を積極的に進められないのか。教員数を増やすことに臆病としか思えない姿勢なのは、なぜなのか。そこには、財務省という存在があるからだ。

現在、公立小学校の一年生については、一クラスあたりの生徒数上限が三五人と定められている。一九八〇年度に四五人から四〇人に引き下げられたものの、三五人に引き下げる「三五人学級」を導入する議論はずっとあったが、実際に実現したのは二〇一一年度からだった。それも、小学校一年生だけで、一一年当初は八年をかけて小中学校の全学年で三五人学級を実現する予定を文科省は掲げているものの、実現する可能性はかなり薄い。

財務省が財政難を理由に、教員の大幅増が必要となる三五人学級の導入になかなか首を縦に振らなかったからである。

それどころか、財務省は二〇一四年一〇月の財政制度等審議会で、公立小学校一年生での四〇人学級の復活を文科省に求める案を正式に提示した。

財務省の言い分は、三五人に引き下げても、いじめや不登校の解消などにつながっていない、というものだった。

三五人学級で解消しない問題が、四〇人学級に戻せば解消できるということなのか。普通なら三五人学級でも教員の手が回らず解消できないのだから、三〇人学級、さらに二五人学級にしようと考えるはずである。

そうした発想が財務省にはない。いじめや不登校といった問題が学校にあることは認めながらも、それを本気で解消する気がない。財務省の頭には予算の削減しかないといわれても仕方がない。

◇小中学校の教員の数をコントロールする仕組み

財務省は一年生の三五人学級を四〇人学級に戻せば、それによってクラス数が減り、担任する教員も減らせると考えていた。それによって削減できる教員数は約四〇〇〇人とも試算していた。

これだけの数を減らせば国庫負担はかなり減らせる。義務教育費国庫負担制度によって、公立小中学校の教員の給与について三分の一を国が負担（国庫負担）することになっている。残りの三分の二は都道府県など地方自治体の負担となる。

約四〇〇〇人の教員を削減することで、この国庫負担を約九〇億円軽減できると財務省は算盤（そろばん）をはじいた。財政を優先する財務省にしてみれば魅力的な数字である。

財政の健全化も重要な課題であることはいうまでもないが、だからといって、教育を悪化させるような予算削減が許されるというものではない。

当然、財務省の四〇人学級復活案は、大ブーイングの世論を引き起こした。誰が考えても四〇人学級に戻していいことは何一つないからだ。少しでも学校の現状、教育の現状を知っていれば、そんなムチャな発想は出てくるわけがない。

このときばかりは文科省も世論を背景にして財務省と徹底的に戦った。世論の高まりがなければ、霞が関（中央官庁）で絶大な力を持つ財務省を相手に、文科省が戦い抜けたのかどうか疑問である。ともかく文科省、それ以上に世論の反対を受けて、財務省は四〇人学級の復活を見送った。

◇一クラスの人数を増やせないならば…

ただし、それで財務省が教員を減らして予算を削減する考えを捨てたかといえば、そんなことはない。小学校一年生のクラスが減らせないのなら、学校ごと減らして予算を浮かせようとも考えていた。

学校の統廃合の基準を厳しくすれば、全国で小中学校の五四〇〇校あまりを減らせるという試算を、財務省は二〇一四年につくっている。それによって減る教員数は一万八〇〇〇人と見積もっていたのだ。

これを受けて、文科省は財務省案通りではないものの、統廃合を進める姿勢を取っている。財務省に押し切られた、ともいえる。

それでも、教員数を減らして予算を削る財務省の動きが終わったわけではない。

文科省は公立小中学校で通級指導（通常の学級に在籍する軽度の障害がある児童生徒に対して特別な指導を行うための教室）や外国籍の子どもたちの指導に教員を割り当てる案を実現しようとしている。変化してきている子どもたちの状況に対応するためである。ここにも財務省が立ちはだかった。

二〇一六年一一月に開かれた財政審議会で、財務省は通級指導や外国籍の子どもの指導のために教員を増やさず、外部人材の活用で対応すれば少子化が進んで教員の数は減らせるという試算を提出した。

それによれば、今後一〇年間で四万九〇〇〇人の教員を削減できるという。教員数の削減という財務省の姿勢は簡単には揺るぎそうにもない。

「子どものために」が引き起こす矛盾

◇それでもなぜ、教員は働くのか

長時間労働に残業代なし、この過酷な労働環境に耐えて、なぜ教員は働くのだろうか。その疑問を何人かの教員にぶつけてみると、必ず次の答えが戻ってきた。

「子どもが好きだから」

過酷な労働も、「子どものため」と考えればやらざるをえない、という。それは逆に、子どものためという理由をつけられれば、押しつけられた仕事も断れないのだそうだ。

それをいいことに、どんどん仕事を押しつけてくる管理職がいるのが現実である。どんどん仕事をやらせても残業代が発生することはないので、管理職は自らの管理能力を問われることはない。それより、どんどん仕事をさせて、要求された通りの書類を整えていけば、それは自らの成果となり、評価されることになる。多忙の連鎖、長時間労働に拍車がかかるわけだ。

「子どものため」といわれると断れない教員の実態は、二〇一五年に北海道教育大、愛知教育大、東京学芸大、大阪教育大の四大学が行った共同調査の結果にも表れている。

それによれば、教員の仕事について「楽しい」と答えたのは、小学校教員の八六%、中学校教員では八二%に上っている。長時間労働を強いられても、教員たちは「楽しい」と感じているのだ。

もちろん、長時間労働が楽しいわけがない。楽しいのは、子どもたちと接しているからにほかならない。教員は子どもが好きなのだ。

◇「授業の準備をする時間が足りない」

子どもが好きな一方で、「子どもの相手をする時間がない」という長時間労働のために教員たちが抱えているジレンマも、四大学による共同調査の結果から明らかになっている。多くの教員が授業準備の時間が足りないことに悩んでいるのだ。

四大学共同調査の結果によれば、「授業の準備をする時間が足りない」と答えた教員は、小学校で九五%、中学校では八四%にも達しているのだ。もちろん、理由は授業に関係のない書類づくりなどの仕事が多すぎて、長時間労働を強いられているからである。

子どもが好きな教員たちは、子どものために多くの時間を割きたいと考えている。ところが現実は、最も子どものためになる授業の準備に割く時間が足りていないのだ。

授業準備が不十分であれば、いい授業にならないのは当然である。それは子どもたちのためにはならない。教員にとっては辛い現実でしかないのだ。

「教員の仕事といえば、子どもと接しながら、子どもに知識を教えること、というのが一般的なイメージですよね。そういう仕事をやろうと理想に燃えて学校現場に来てみると、あまりに雑用が多すぎて本業の子どもに教えることがおろそかになってしまう現実に驚き、失望してしまう新人教員は多いんですよ」

ベテラン教員の一人が、ため息交じりに語った。それでも「子どものため」といわれれば押しつけられる雑用も断ることができない。それで子どものためになる、自分が一番やりたかった授業のための準備ができず、悶々とした日々を送ることになってしまう。

◇「子どものため」が学校をブラック化させている?

そんな状況は、教員になってからでなければわからないわけではない。最近の大学生は就職先を決めるにあたって、さまざまな方法、ルートで情報収集している。教員を希望す

(図表1−4)教員の主な悩み

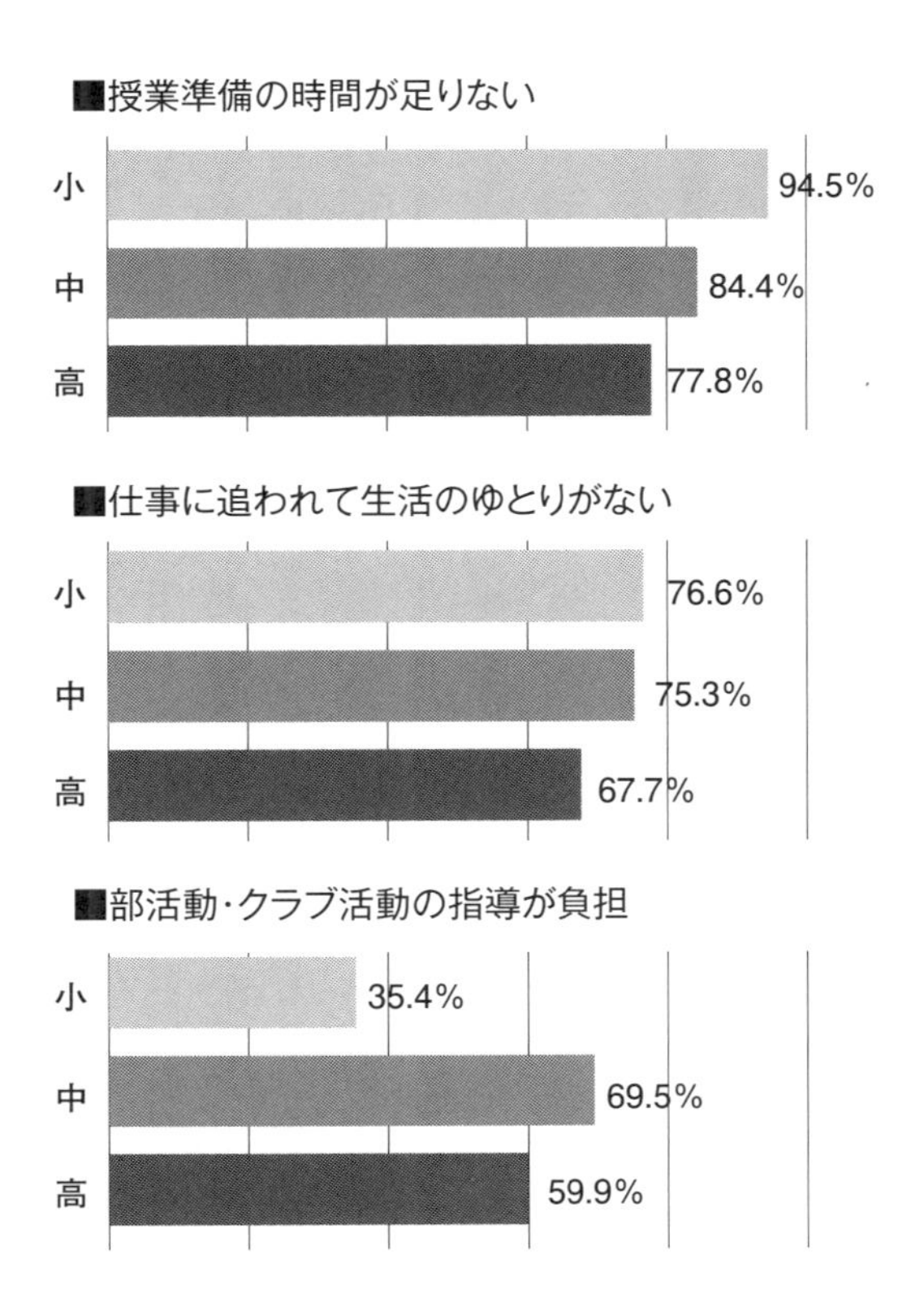

北海道教育大、愛知教育大、東京学芸大、大阪教育大による共同調査(2015年)

ている。

る学生は、採用試験に合格する秘訣だけでなく、学校現場の実情も抜かりなくリサーチしている。

その結果が、採用試験受験者数の減少という形で表れている。

二〇一六年度公立学校教員採用試験の、全国での受験者数は一六万九八〇四人だった。前年度に比べれば約二・九％の減少である。教員を希望する若者が減ってきているのだ。

長時間労働という過酷さと、それに加えて子どものためにならないような仕事ばかりさせられている実態が、教員希望者を減らしているといえる。

子どもが好きだからこそ過酷な労働環境に甘んじている教員の実態が、学生に教員を選択させないことにつながっている。好きな子どものために時間を費やしたいのに、それができなければ教員になる意味がない、と若者に思わせている。教員の労働環境が改善されなければ、この傾向にはさらに拍車がかかる。

教員が「子どものため」にがんばっているのは事実である。しかし、皮肉にもそれが学校における労働環境をどんどん悪化させているのも事実なのだ。

第2章 公立小中学校で非正規教員が増えている理由

――今や六人に一人! クラス担任が非正規は普通のこと…?

年収八〇万円！ 生活保護を受けながら教壇に立つ先生

年収八〇万円の教員、月収にすれば七万円にもならない。そのため生活保護を受けながら教壇に立っている。そんな教員が、実在する。

少人数授業を実施するために正規教員をサポートする教員を、地方自治体が独自に採用しているケースがある。

◇非正規教員とはどういう存在か

公立学校の正規の教員については第1章でも触れたが、その報酬の三分の一は国が負担し、残りの三分の二を自治体で負担する仕組みになっている。

それでは教員数が足りないとなると、地方自治体は独自の予算で教員を採用する。国の予算を割いて採用される教員を正規教員と呼ぶなら、自治体独自の予算で採用される教員は非正規教員ということになる。この非正規教員は、臨時教職員、臨時採用教員、臨時的任用教職員という名で呼ばれている。

正規教員は都道府県が実施する教員採用試験によって選抜される。教員報酬の三分の一を負担することによって国は都道府県の教員数をコントロールすることができる。都道府県が勝手に教員の数を増やして、「これだけの人数の教員がいるから、それにかかる費用の三分の一を払ってくれ」と国に要求することはできない。正規教員としては、国が予算によって割り振った人数しか採用できないのだ。

教員数を増やすために予算を増やしてもらおうとすれば、国のやることに逆らうことになる。できるだけ予算を減らされないように、願わくば増やしてもらうために、都道府県は国の方針に従順に従うしかない。市町村などの自治体もまた同じである。

予算によって採用できる正規の教員数は決まってしまっているので、都道府県は採用にあたっては選抜するしかない。募集枠より希望者が少なければ必要ないが、希望者が募集数を上回る現状なので選抜する。その選抜試験である教員採用試験に合格しなければ採用されず、正規の教員にはなれない。

◇慢性的な教員不足を解消するために

ただし、国は都道府県が必要十分と考えているだけの数の教員の採用を認めているわけではない。というか、教員数は最低限に抑えられているのが現実だ。

そのため、慢性的な教員不足状態が続いているのが公立学校の実態でもある。教員は不足しているのだが、少人数授業をはじめとして授業のやり方についての文科省からの注文は増えるばかりだ。それを実行するには、どうしても正規の教員だけでは手が足りなくなってしまう。

それを補うために、国から予算配分を受けないで、報酬の全部を独自に負担する教員を採用する自治体がほとんどになってきている。非正規の教員である。

正規と非正規といっても、正規は教員免許を持っているが、非正規は持っていない、というわけではない。学校で子どもたちを教えるのだから、どちらも教員免許は持っている。違いは教員採用試験に合格したか、不合格になったか、それだけのことなのだ。

それでも、非正規教員の報酬は、自治体の独自予算だけでまかなわれるので、国が一部を負担する正規教員に比べれば少なくならざるをえない。自治体も都道府県や、その下の市町村では、出せる予算に違いがある。つまり、非正規でも都道府県に雇われる場合と、市町村に雇われる場合では、報酬に格差があるのだ。市町村の間にも予算が潤沢なところと、そうでないところがあるので、それぞれの事情で非正規教員の待遇には違いがある。

◇夏休みやゴールデンウイークは収入ゼロに

冒頭に示した年収八〇万円の非正規教員は、首都圏のある市に雇われている。月給や年俸で決められているわけではなく、時給一二一〇円だ。それで一日五時間、週五日勤務と決められている。これなら手取りで一〇万円を超えるくらいになるはずだが、落とし穴がある。

学校には、春休みに夏休み、冬休みと長い休みがある。当然、この期間は非正規教員の仕事はないので、収入はゼロとなる。祝日があれば、その日の収入もゼロとなる。世の中がゴールデンウイークと浮かれていても、非正規教員にしてみれば「収入にならない日が増える」ことにしかならない。そんな収入ゼロの期間があるので、年間にしてみたら八〇万円の収入にしかならないのだ。

主婦のパート的な感覚なら年収八〇万円でいいかもしれない。それにしても、教員免許という資格が必要なパートであり、その資格に見合った収入かどうかといえば大きな疑問はあるが。

主婦のパートのように、生活費の大半は夫の収入に頼るというのなら生活はできる。ただし、生活費を負担してくれるパートナーがいない場合は、悲惨である。今どき首都圏において年収八〇万円で暮らしていくのは簡単なことではない。とても、無理だ。そこで前述の年収八〇万円の非正規教員は、生活保護を申請して、受理された。生活保護を受けながら、教壇に立っていたのである。

◇生活保護は特殊なケース？

ただし、「生活保護は特殊なケース」と非正規教員の実態に詳しい誰もが口をそろえる。

年収八〇万円の非正規教員は珍しくはないが、その大半が主婦のパートのような立場であり、自分の収入だけで暮らしているわけではない。裏を返せば、主婦のパート的な存在がなければ、運営が維持できないところに学校はきているということになる。

生活保護を申請しなければならなかった非正規教員の場合は、彼が家庭を支える存在だったからだ。彼は当時のことを思い出しながら、辛そうな表情で次のように語った。

「非正規教員の収入だけではとても家族を養えないので、アルバイトもしました。しかし、アルバイトに時間を取られ、肉体的にも厳しい状況では、授業の準備が十分にできません。悩んだ末に、生活保護を申請したんです」

その彼も、市の採用から県の採用に変わったために少しばかり年収が増えた。そのため、生活保護を受給しなくてもよくはなった。しかし、正規教員とは違い、「低所得者」であることに変わりはない。

非正規教員は「塾」で生活費を稼ぐ

◇かつては塾を支えた正規教員

正規の教員が学習塾でアルバイトをするのが流行(はや)った時期がある。もちろん、どんな教員でもいいというわけではない。「教える技術」を持っている教員なら、学習塾は大歓迎で受け入れた。大歓迎どころか、三顧の礼をもって頼み込むケースも珍しいことではなかった。

腕のいい、つまり塾生の成績を上げる技術に長(た)けた教員は引っ張りだこで、あちこちの学習塾を掛け持ちする教員も少なくなかった。点数を取らせる技術を持つ教員が学習塾の講師になれば、学習塾の評判は上がって、入塾者が増える。学習塾は儲かるわけで、だから腕のいい教員を集めたがったのだ。そして、学習塾はどんどん大きくなっていった。

こうした状況に文部省(当時)も黙っていられなくなり、一九七七年三月一八日付で初等中等教育局長名で「児童生徒の学校外学習活動の適正化について」という通達を出した。「学校外学習活動」とは、学習塾に通うことを指している。そのなかに、次のような一文が盛り込まれている。

「学校の教員が学習塾の講師となっている場合も見られるが、学校の教員は、自己の使命を自覚し、（中略）特に、教員公務員にあっては、その職務と責任について十分自覚を促し、服務の適正を図るよう措置すること」

持って回ったお役所らしい文章だが、要するに「学習塾でのアルバイトは辞めろ」といっているにすぎない。最近では少し変わってきているが、当時の文部省にとって学習塾は「教育関係者ではない」というスタンスだった。利益追求の学習塾は文部省が進める教育となじまないという考え方だったのだ。だから学校の教員が学習塾で講師を務めることを快く思わなかった。教員の学習塾でのアルバイトを禁じたのも、そうした文部省の姿勢が背景にあった。

◇現在、塾講師不足の需要に応えているのは…

これで学習塾が悲鳴を上げたかといえば、そうでもなかった。教員を講師として迎えることはできなくなったのなら、自前の講師を増やせばいい、という発想に転換した。そして学習塾は、高い報酬を払って腕のいい講師を集めるのに必死になった。学習塾の経営者からは、「億円プレーヤーだっていますよ」と聞かされた。年収が億に達する塾講師も、珍しいことではなかったのだ。

もちろん、誰もがそうなれるわけではない。学習塾は腕のいい講師には報酬をはずみ、そうでない講師の報酬は低く抑えた。それが逆に競争心と向上心を生み、講師の質が上がっていったのも事実だ。報酬を考えれば学校の教員より塾の講師がいい、とばかりに学習塾への就職を希望する者が増えた。

しかし、現在も学習塾の講師が足りているわけではない。塾間の競争が激しくなれば、大学生のアルバイトではなく、よりスキルを持った人材を学習塾は欲しがる。

そして現在、その需要に応えているのが、非正規教員なのだ。昔ほど現在の文科省が目を光らせているわけではないが、かつて通達で禁じられた経緯もあり、アルバイトについては正規教員は消極的だ。そもそもアルバイトをする時間など、正規の教員には、ない。

そんな正規教員と違い、非正規教員は、正規教員のように無制限に縛られることはない。時間給なのだから、決められた時間だけ働けば文句はいわれない。だが、それは建前で、実際には、かなり縛られている。だから学習塾でアルバイトをしようと思えば、ドライになるしかない。

「夕方、決まった時間に帰っていく先生がいます。そういう先生は非正規で、決まって学習塾のアルバイトをしていますね」

ある中学校の教員がいった。学習塾での授業に間に合うように下校するわけだ。余計な仕事を押しつけられて学習塾の授業に間に合わなければ生活に影響があるので、そこはドライに割り切って学校を出ていくことになる。

学校側としても、「これをやってから帰ってくれ」といいたくても、時間給なのだから強制はできない。しかも安い時間給なのだから、なおさら無理強いはできないのだ。

◇なぜ塾の専属講師にならないのか

今では、非正規教員が学習塾でアルバイトすることは「普通のこと」になっている。学校としても、生活費を学習塾のアルバイトで補ってくれるので、非正規教員を安い賃金のままで使い続けられる。学習塾としては優秀な人材を楽に獲得できるという図式になっている。かつてとは違い、共存共栄の関係になっているわけだ。

それなら、給料の安い非正規教員なんて辞めて、さっさと学習塾の専属講師になればいいじゃないか、という意見もあるだろう。しかし、非正規教員をやっている人の大半は、正規教員になる夢を捨てられない人たちなのだ。入試一点張りの学習塾の授業に満足していない人も多い。いつかは採用試験に合格して正規教員になるためには、非正規教員は経験として評価されると思っている。

だから、非正規教員を続けながら、生活費を補填するために学習塾の講師も続けることになるのだ。そうした構図が成り立つには、通勤範囲内に学習塾がなければならない。

いくら学習塾の講師で生活費を稼ごうと思っても、その学習塾がないのでは成り立たない。その結果、非正規教員は学習塾の多い都市圏に集まってしまっている。地方の学校は正規教員の不足を非正規教員で補いたくても、安すぎる賃金では人が集まらず、思うように非正規教員を採用できていないのが実情である。

クラス担任は非正規教員かもしれない!?

◇正規教員と同じことをやるのは当たり前?

「非正規教員だから、決められた就業時間が終われば帰る」といえるなら、学習塾の講師のアルバイトをやって生活費を補填できる。同じように、「非正規教員だから、仕事はこの範囲まで」といえれば負担も軽くて済む。

しかし、そう単純にはいかないのが現実なのだ。首都圏の中学校の非正規教員が語る。

「仕事の内容は、『臨時』のようなものではなく、正規教員と同じことをやらされています。クラスの担任もしているし、そうなると家庭訪問もするし、進路指導や生活指導もやることになります。もちろん、通知表もつけますし、二〇年間の保管が義務づけられている『指導要録』の作成もやります。これは子ども一人ひとりに対する指導の過程と結果の要約で、その後の指導に役立てたり、外部に対して証明書を発行するときに使う原簿です。教員の仕事としては重要なもので、だから大きな責任もあります。非正規教員だからといって、仕事が少ないわけでも、責任が軽いわけでもないのです」

非正規とはいえ、繰り返すが、ちゃんと教員免許は持っている。だから授業をやっても、クラスを担任しても違法ではない。違法ではないが、そこまでの責任を果たさなければならないか、については疑問である。非正規は、あくまで臨時であり、緊急要員というのが建前なのだから、それ相応の責任だけでいいはずである。

「それが通用しないのが学校で、『同じ教員なのだから同じ責任を持ってやってもらわなくては困る』といわれれば、黙るしかありません」

教員としての〝責任〟を突きつけられたら、それを無視できないのが教員である。それは正規だろうが非正規だろうが変わらない。

◇教員としての意識が足かせに

正規教員と同じ仕事をしていれば、同じように忙しい。いくら時間があっても足りないくらいに忙しい。とても学習塾の講師をやったり、ほかでアルバイトするなど無理である。それでも、非正規教員の賃金だけでは食べていくのが難しかったりする。

「土、日だけのアルバイトをやったこともありましたが、体が悲鳴を上げました。そんな状態では、日常的な事務処理や授業の準備にも支障を来してしまい、結局はアルバイトもできなくなる。生活は苦しいままです」

といって、ある非正規教員は力なく笑った。厳しすぎる現実があるのだ。断れない自分の責任だろう、という意見もあるかもしれない。しかし、それでは学校内での人間関係を悪くしてしまう。学校では教員同士が協力しなければならないことも多く、それには人間関係を良好に保っているほうがいい。

「それも考えれば、非正規だからできない、とはいいづらいのが現実です」

と、先の非正規教員はいう。正規と非正規ということで待遇は雲泥の差がありながら、教員としての仕事と責任は同じものを求められるのだ。それが、非正規の現実である。

「担任を持ち、場合によっては部活の顧問までやったりするのは、教員としては『やりがい』が持てることでもあるんです」

とも彼はいった。非正規教員をやっているのは、教員という仕事が好きだからなのだ。その気持ちは、臨時的な仕事では満足できない。だから担任や部活の顧問に指名されると、一方では大きな不満を抱えながら、教員としての満足感は得られるのだ。

そうした教員としての意識をうまく利用されているのが、非正規教員の一面だともいえる。

非正規であることは同僚の先生も知らない？

◇非正規だから待遇が悪くても仕方ない…？

「保護者や同僚の教員にも、私が非正規教員であることを知らない人は多いんです。私だけじゃなくて、かなりの非正規教員が正規教員と思われているのではないでしょうか」

と、ある非正規教員が打ち明ける。

非正規教員が、担任を務めたり通知表をつけたりと、正規教員と変わらない、まったく同じ仕事をさせられていることは前述した。我が子の担任が非正規だと知った親の反応はどんなものだろうか。まったく気にしない、という保護者もいるだろう。しかし、多くの保護者は不満を感じるのではないだろうか。

「非正規というのは、採用試験に合格できなかった人たちでしょう。それなら正規に比べて待遇が悪くても仕方ないんじゃないですかね」

非正規教員の待遇がアルバイトをしなくては生活していけないこと、生活保護を受給しているケースもあることを、小学生の子を持つ保護者に話したときの反応である。「ひどい待遇ですね」という返事を期待していたのだが、返ってきたのは先のようなものだったのだ。採用試験に合格できなかったのだから正規と同じような待遇を受けられなくても仕方ない、という口調である。これが例外的な反応ではない。多くの保護者の反応である。

だからこそ、我が子の成績を気にする保護者が多いのだ。待遇が悪い非正規の身に我が子をしたくない。それにはいい成績を取れる子にしなくてはならない、と親は考えている。そういう考えの親にとっては、非正規の待遇が悪いのは不思議なことではないらしい。

◇正規と非正規で能力の差はあるもの？

先ほどの保護者に、さらに「そういう非正規教員が担任をやっている例も珍しくないようですけど、どう思いますか」と訊ねた。明らかに彼には戸惑いの表情が見えた。

「それが本当だとしても、うちの子の学校で、そういうケースはないと思いますよ。そういう話は聞いたことがないな」

自分の子どもの担任は正規教員がやっていると、頭から信じ込んでいるふうだった。裏を返せば、非正規教員が担任をやるなど許せない、ということなのだろう。

「とんでもない」と思っても、そのまま黙っていたら問題はない。ただし、最近の保護者は、どんなに小さなことでも学校に文句をつける。

採用試験に合格しなかった「劣った」教員が我が子の担任だとしたら、多くの保護者が黙っていないだろう。「担任を代えてくれ」といい出すのは目に見えている。それくらいのことは平気でいうし、いうのが当然の権利と思い込んでいる保護者も少なくない。

ともかく、学校側としては、そんな苦情が保護者から持ち込まれたら困ってしまう。それでなくても苦情の類いは処理できないほど持ち込まれるのだから、苦情のタネはできるだけ減らしておきたい。

それなら非正規教員ではなく、正規教員だけを担任にすればいいではないか、という意見が出てくるはずだ。それは正論ではあるが、学校としても好きこのんで非正規教員を担任にしているわけではない。教員の数が足りないから、非正規教員にやらせているわけだ。

「非正規でも、正規と同じように教員免許は持っているので能力的に変わりはありません。だから問題ありません」

と説明したところで、耳を貸す保護者は少ないにちがいない。最終的に理解してくれる保護者がいたとしても、その説明にかかる時間と労力は小さくない。

「だから、非正規教員が担任をしていることは内緒にしているんです。学校側とは暗黙の了解で、私たちのほうから保護者に打ち明けることもありません。そんなことをしたら、『非正規だから無責任なことをやりかねない』と、とんだ誤解を招く可能性もあります。だから、私たち非正規教員の担任は、不満足すぎる待遇を我慢しながら、正規教員の担任と同じ仕事をしています。低待遇でも忙しすぎる担任の仕事をこなしているんですから、教員としての自覚は、私たち非正規教員のほうが高いかもしれないのに……」

先ほどの非正規教員が、とても悔しそうに語った。

◇同僚にも秘密のことも

非正規だということが「内緒」になっているのは、保護者に対してだけではない。同僚である教員に対しても、積極的には知らされていない。

「非正規だと知らないから、正規教員がやっているのと同じ仕事を要求されたりします。いちいち説明していると面倒なので、いわれたままにやることもあります。でも、『自分は非正規ですから』と断る人もいますね。そうなると当然、人間関係はうまくいかなくなります」

と先ほどの非正規教員が説明する。だから、学習塾のアルバイトだからといって定時で下校している非正規教員は「変わり者」と思われていたりするのだそうだ。非正規だとわかっても、「それでも同じ教員なんだから同じ仕事をすべきだ」といわれることも珍しくないという。「非正規だから」を理由にすることが許されないのだ。

非正規だと保護者にも同僚にも認識されている場合もある。しかし、認識されていない場合もあるのだ。そういうなかで働かなくてはならない非正規教員の心境は穏やかではない。

公立小中学校に非正規教員が多くなった裏事情

◇四人に一人が非正規教員である自治体も

公立小中学校の教員のうち、「四人に一人」が非正規教員といわれる状態にある地域は少なくない。ただし、都道府県によって差はある。

全国で非正規教員が一〇万人に達したのは二〇〇八年で、全体の一四・三%を占めていた。そして全体の一六%を占めるまでになったのが二〇一一年で、このとき一一万二〇〇〇人の非正規教員となっている。この非正規教員が増えていく傾向に変化は見えない。非正規教員は増え続けているのだ。

非正規教員には、おおまかにいって臨時的任用と非常勤講師がある。臨時的任用は常勤講師ともいわれ、常勤だから正規教員との見分けがつきにくく、担任など正規教員並みの仕事をさせられるケースが多いのも、この臨時的任用である。もっとも、臨時的任用であっても、定時で学校を出て学習塾のアルバイトに向かうケースがないわけではない。

一方の非常勤講師は、書道など特定の授業だけを担当する非正規教員だ。その時間にしか学校に来ないし、担任もしないので、非正規だとわかりやすい。保護者からも、「あの先生は普通の先生とは違う立場なのね」と理解されている場合も多い。そのために、非正規は非常勤講師だけで臨時的任用という形態があるとは知らず、「まさか、うちの子の担任は非正規なわけがない」と思い込んでしまいがちなのだ。

非正規教員が増えていることについては、国の制度が大きく関係している。賃金を安く抑えられる非正規教員を増やすことに、国も積極的だといってもいい。

◇それは小泉改革から始まった

二〇〇六年度から当時の小泉純一郎政権は、義務教育における教員の賃金のうち国の負担を、それまでの二分の一から三分の一に減らした。当初、小泉政権は教員一人あたりの国の負担枠を撤廃して、地方自治体の裁量に任せる方針だった。これに抵抗した文科省が出した案が、二分の一から三分の一に減らすことだったのだ。

この変更と同時に文科省が導入したのが、「総額裁量制」である。「文科省が決めた教員数×三分の一の賃金」という絶対額は譲らないものの、その総額内であれば教員数は地方自治体が自由に決めていい、という制度である。

もちろん、ただ人数を増やせば、それだけ人件費も増えることになる。文科省が割り当てる予算額を超えることになってしまう。超えた分については地方自治体が負担しなければならないが、それだけ予算に余裕のあるところは、そうそうない。ほとんどの地方自治体が、必要なだけの教員数を確保できる予算を割くことができない。

それでも文科省が割り当ててくる予算通りの教員数では、とても手が足りないのが学校の現状でもある。そこで登場してきたのが、「二人分の予算で三人を雇う」という技だった。国と地方自治体が二人分として負担する額を、三人で分けるのだ。これなら国や地方自治体の負担は増えないが、教員の数を一人増やすことができる。

◇学校環境をさらに悪化させる総額裁量制

ただし、本来は二人分の賃金を三人で分けるのだから、当然ながら一人分の賃金は少なくなってしまう。そんな低い賃金で正規教員を雇うのは無理な話だ。そんな賃金の低い地方自治体で正規教員をやるより、ほかのところで教員をやったほうがいいということで、正規の採用試験への応募者が減ってしまいかねない。これは地方自治体としては絶対に避けたいところだ。

そこで、低賃金でも雇える非正規教員を雇うことになる。正規教員を最低限確保しながら、あとは「二人分で三人を雇う」方式で教員の頭数を増やすのだ。予算を増やさずに頭数を確保できるのだから、地方自治体としては「二人分で三人を雇う」方式を最大限に活用しようとしている。その結果、非正規教員の数がどんどん増えることにつながっているのだ。

総額裁量制によって「二人分で三人を雇う」方式を自治体がエスカレートしていけば、まだまだ非正規の教員が学校に増えていくことになる。不満足な待遇でしかない非正規教員の道を、はたして若い人たちが選ぶだろうか。選ばなくなれば、教員不足は深刻な状況になっていかざるをえない。事実上、非正規教員を増やす結果になってしまっている総額裁量制は、学校環境をさらに悪化させかねない。

賃金を上げないため？「空白の一日」制度

◇三月三一日という「空白の一日」

臨時的任用教員は、任用期間、つまり雇われている期間が地方公務員法第二二条で決められている。それによれば「六ヶ月以内、更新一回（六ヶ月以内）」となっている。

つまり、更新されれば、一年間は雇用状態にある。一年が終わっても再雇用は可能なので、同じ学校で次の年度になっても働き続けることはできる。

ただし、一年の任用期間が過ぎれば新たな雇用になる。これがクセモノなのだ。

学校は四月から新学期になるが、非正規の任期は三月三〇日までとされることが多い。新学期が始まるまでには、三月三一日という一日を挟んでいるのだ。新学期からも臨時的任用として雇われることが決まっていても、新学期までには「空白の一日」が存在することになる。

この一日は雇用されていない無職の状態となるので社会保険や年金の対象外となるため、もしも三一日に病院にかかるようなことになれば、保険がないので実費で病院の支払いをしなければならない。そのリスクを避けるために、非正規の教員は国民健康保険や国民年金に加入しなければならなかった。たった一日の加入である。

さすがにこれは問題にされ、二〇一四年一月に厚生労働省は保険局保険課長名で「厚生年金保険及び健康保険の被保険者資格に係る雇用契約又は任用が数日空けて再度行われる場合の取扱いについて」という通知が健保組合理事長・日本年金機構事業管理部門担当理事宛に出された。これによって一定期間の空白があったとしても、勤務実態に応じて保険・年金が継続されることになった。空白の一日によって国民年金や国民健康保険に入り直さなければならない不合理は取りあえず解決されたのだ。

◇賃金を上げにくくするシステム

ただし、これで空白の一日の問題がすべてクリアになったわけではない。中学校で働いている非正規教員は次のように語った。

「一般的な企業では、勤めている年数によって定期昇給があります。学校の教員でも正規教員については定期昇給があります。臨時的任用であっても継続的に働いているわけですから、同じレベルの定期昇給があって当然だと思います。

しかし、『空白の一日』が存在することで『継続性がない』と見なされてしまうんです。空白の一日の前と後でやっていることは同じなのに、形式的には新規雇用なので継続性がないというわけです。そうなると継続性がある場合に比べて定期昇給の額は極端に低くなります。継続性が認められる正規とは比べようもないくらいです。同じ理由で、ボーナスにも大きな影響があります。

空白の一日をつくることで、非正規の賃金を上げなくていい仕組みにしているとしか思えません」

同じ仕事をしているのだから、長くやればやるほど、スキルは上がってくる。しかし新規採用を繰り返すために、経験は無視されてしまっているのだ。

仕事をしてきた期間の長さではなく、実質的なスキルで評価して賃金を決める仕組みがあれば、こうした問題はないはずである。しかし、実際にはそうはなっていない。

結果、実質的には向上しているスキルが無視されることになる。向上したスキルを評価されることで、さらにスキルを向上させようという気にもなるはずだ。空白の一日は、低い非正規教員の賃金を低いままに抑えておくだけでなく、やる気もなくさせることになっている。

非正規が増えることで起こる問題

◇職員会議で発言できない非正規教員

子どもたちが楽しく有意義に学び、学校がよくなるために、現場の教員の意見が重要な役割を果たすことはいうまでもない。だからこそ、学校では職員会議が重要な意味を持っている。

その職員会議で活発な意見交換、議論があってこそ、学校はよくなっていく。その職員会議に出席する教員は、正規であれ非正規であれ、積極的に発言してこそ意味がある、といえる。

小学校で非正規で働いている教員に、「非正規とはいえ、職員会議では正規と同じ発言権がありますよね」と質問してみた。すると彼は、ちょっと困ったような顔をして答えた。

「いいたいことはたくさんあります。けどね、いいません。職員会議だけでなく、悪い話は校長に絶対にしません」

非正規には発言権が与えられていないのかと思い、そのことを訊ねると、

「そんなことはありません。表向きはいくらでも発言していいことになっています」

との返事が戻ってきた。にもかかわらず、なぜ非正規教員は学校での発言を自主規制しているのだろうか。

「答えは簡単ですよ。職を失いたくないからに決まっているじゃないですか。校長を困らせるような発言をして睨まれでもしたら、再雇用してもらえないんですよ」

◇非正規を黙らせる校長のひと言

非正規教員は雇用期間を決められている。それが終われば、新規採用として再雇用をしてもらうしかない。新規採用は、勤めていた学校の校長による評価が左右する。校長が「あの先生は問題があるので、いらない」と教育委員会に届ければ、その学校での再雇用はもちろん、ほかの学校での新規採用にも支障が生じることになる。

非正規を続けるには、校長をはじめとする学校側の機嫌を損ねるわけにはいかないのだ。非正規を早々に卒業して正規教員になれればいいが、それは簡単なことではない。そうなると、非正規を続けられる道を確保しておかねばならないのだ。職員会議はもちろん、そのほかのときでも、非正規は学校側が不利になるようなことは口を慎まなければならない。

「黙っていようと思っても、つい口が滑るときはあります。すると、『あなた一人を雇う予算で、若い人なら二人を雇えるんですからね』と露骨にいってくる校長は珍しくないんですよ」

と五十代の非正規教員は言った。

正規並みとはとてもいかないが、非正規教員にも多少の昇給はある。長く非正規教員を続けていると、それなりに賃金は上がる。教育委員会や学校側は、少ない予算で多くの教員を抱えたいので、できるなら賃金の高い年配の非正規教員は切りたいのが本音なのだ。

とはいえ、年齢を理由に解雇すれば、問題化するのは教育委員会も学校も承知している。だから、いつでも切れる理由は懐に入れておきたいはずだ。

そして、そうした雇用問題をちらつかせることが、うるさい非正規教員を黙らせるには有効だということも承知している。だから、反抗するような素振りや発言があれば、先ほどのような嫌みとも脅しともいえる物言いが、ついつい口をついてしまうらしい。

そういわれると、黙るしかない。「さっさと辞められるなら、ケンカして辞めますよ。でも、家族のことを考えると、そんなことはできない。自分一人ならいいけど、家族を路頭に迷わせるわけにはいかないじゃないですか」と、その年配の非正規教員は悲しそうな顔でいった。

◇それは子どもにとって好ましいことなのか

いつ解雇されても不思議ではない状況で、非正規教員はいいたいことがあってもジッと我慢するしかないのである。

黙ることで、非正規教員という地位は守れるかもしれない。しかし、発言しないことで、子どもたちの状況は改善されないかもしれない。もしかすると、状況が悪化してしまうことになるかもしれない。

非正規教員の地位が不安定すぎることが、非正規教員だけでなく、子どもたちにとっても不利益になっている可能性がある。それは当然ながら学校にとっても不利益なはずである。

非正規教員が増えていくことは、こうした問題が大きくなっていくことでもある。発言しない、発言できない教員が増えていくことになる。それが、子どもたちにとっても学校にとっても好ましいことだとは思えない。

第3章 心を病む先生たち

――なぜ教員には「精神疾患による休職」が多いのか

なぜ過労死するまで働くのか

◇学校で倒れたまま…

千葉県で教員をしていた中野淑子の夫も中学の教員だったが、学校でクモ膜下出血のため倒れ、そのまま帰らぬ人となった。五七歳だった。

一九八七年一二月のことで、少し古い話になるが、公に過労死が認められて「公務災害」に認定された客観性のある例なので、ここで取り上げることにする。

その日、昼食後に更衣室に向かう中野の夫を見かけた同僚が、「具合が悪いようですが、どうなさいましたか」と声をかけた。それに対して「頭が痛い。こんなに痛いことはなかったんだが」と答えたという。同僚は「養護教員を呼びましょうか」と重ねて声をかけたが、それを断った中野の夫は更衣室に入っていった。休憩するつもりなのだろう、と同僚は思ったという。そのあとに更衣室に入った別の同僚が、ソファに腰掛けてイビキをかいている中野の夫の姿を見かけたが、「気持ちよさそうに寝ている」としか思わなかったそうだ。

しばらく時間が経って中野の夫と約束していた業者がやってきたので、同僚が更衣室に中野の夫を呼びにいった。そこで目にしたのは、大きなイビキとともに口から泡を吹き、片方の目は閉じ、片方の目を半開きにして手足を硬直させている中野の夫の姿だった。

それから教員たちが集まって中野の夫の看護にあたりながら、救急車が呼ばれた。病院でも懸命の治療が行われたが、そのかいもなく、年が明けた一月一日に意識が戻らないまま他界した。

◇当初、過労死の認定を受けられなかった

中野は、自らも教員の忙しさは実感していたが、その自分から見ても「夫は働きすぎだ」と思っていた。だから夫の死が過重な仕事による死、つまり「過労死」だと確信した。

「私が、もっと注意していればよかったのかもしれませんが、私も忙しくしていたこともあって、なかなか夫に気を使ってやれなかった。それは、いまだに後悔していますね」

と中野はいった。中野が教員でなければ、もしかしたら夫の過労死は防げたのかもしれない。教員であることは、自分だけでなく、家族にも大きな負担をかけている。

一九八九年に中野はほかの教員たちの勧めもあって、地方公務員災害補償基金千葉県支部に公務災害の認定請求を行った。夫の死が過労死であると認定してもらうためである。

しかし、認定は受けられなかった。補償基金千葉県支部が、中野の夫の過重な仕事は「公務外」のものだった、と判断したからである。

◇三年後にようやく認定されるも

結論からいえば、その後、中野の夫の死は公務による過労が原因と認められ、過労死と認定された。しかし、その結論を得るための道のりは容易なものではなかった。いったんは公務災害の申請を退けられたものの、中野は仲間の協力もあって不服審査請求に踏み切る。そして一九九二年八月になって、ようやく地方公務員災害補償基金審査会は、中野の夫の死を「公務災害」と認定する裁決を行ったのだ。

認定請求を行ってから三年も経ってのことである。それまでには中野をはじめ何人もの教員たちが審査会の場で口頭陳述を行った。それだけの協力を得ることも、それだけの時間を耐え続けることも、なかなかできることではない。だから過労死と思われるケースでも、過労死として認められることなく、「泣き寝入り」に終わることが多いのだ。

中野の夫の死は、新しい学校に移った年のことだった。四月に新任したばかりの夫が帰ってきて告げたことに、中野は驚いたことを鮮明に覚えている。

「校務分掌表といって、学校での教員の役割分担表があるんですが、そこには校務主任、安全主任、管理主任など一六カ所に夫の名前があったんです。それを見せながら、『こんなに仕事があるんでは、オレは死んでしまうよ』といっていました」

◇多すぎる校務分掌

校務主任は学校施設の管理が役目で、ペンキ塗りや庭樹の剪定（せんてい）までやらされることもある。ただし、そうした校務だけが仕事ではない。むしろ、それらは「その他」の仕事でしかないのだ。中野の夫は英語の教員であり、「本業」は英語の授業である。その本業をこなしながら、さらに一六もの雑務をやらされていたことになる。別に中野の夫が意地悪をされていたわけではなく、雑務が多いのはほかの教員も同じだったが、担任のクラスを持っていなかったので、ほかの教員に比べて多すぎるきらいはあった。

そのほかに、進路指導も担当していた。そのために指導のための資料をパソコンで作成していた。当時は学校にパソコンは普及しておらず、中野の夫は自費でパソコンを購入して取り組んだ。五〇歳を超えてのパソコンはなかなか使いこなせるものではなく、操作がわからなくなると夜分に若い同僚教員を訪ねて教えてもらったりすることも珍しくなかった。必然的に、作業は深夜におよんだ。休みであるはずの土、日にも仕事をしていることが多かったという。

◇「登校拒否の気持ちがわかる」

倒れる日の朝、中野の夫はなかなか布団から離れなかったそうだ。そして中野に、こうつぶやいた。

「登校拒否の気持ちがわかる」

疲労が蓄積し、中野の夫を精神的にも肉体的にも確実に追い込んでいたのだ。それでも彼は、我が身にむち打って学校へと出かけていった。そして、倒れたのだ。

そこまでしても、教員には残業代もないのだから金銭的に報われることはない。一般企業なら、それが業績につながって評価を高めることにもなるが、学校では目に見える業績というのは難しい。にもかかわらず彼は、なぜ、そこまでがんばったのだろうか。がんばれた、のだろうか。その疑問に、中野は次のように答えた。

「子どもが好きなんです。子どものためなら、いつも一生懸命やる人でした。情熱的な先生ということで有名でしたからね」

子どもが好きだから、子どものためだから。働きすぎる理由を訊ねると、必ず教員から戻ってくる答えである。それが教員なのだ。同じく中野の夫も、子どものために働きすぎたのである。教員に徹して働きすぎたために、彼は亡くなってしまった。

教職という仕事のために、中野の夫は亡くなった。つまり、公務での死亡であり、過労死と認定されるべき死だった。

◇校長が命じてないから公務ではない？

しかし、前述したように、いったんは過労死の認定を受けることができなかった。理由は、自宅での作業は勤務外であり公務とは見なされない、校務分掌も通常業務の範囲内である、といった判断からだった。

それらを一つひとつ、中野は仲間とともに覆していった。たとえば校務分掌については、ほかの中学校の校務分掌表を集め、それらに比べても夫の一六もの校務分掌は多すぎることを丁寧に立証していった。

パソコンによる作業も最初は過労死として認められる要因にはならなかった。「校長が命じたものではない」というのが理由だった。校長が命じたことではないので公務ではなく、それが死につながるものであったとしても公務災害には当たらない、と判断されたのだ。

明らかに子どものため、学校のためにやっていることだったにしても、校長が命じていないから公務ではない、とされたのである。命じられたものしかやってはいけない、といわれたに等しい。

これには中野だけでなく多くの教員が反発した。そして中野の夫を死に追いやった自宅での深夜におよぶパソコン作業が「公務である」と証明するために、複数の教員が審査会で意見を述べた。ある女性教員は、次のように陳述している。

「生徒の問題がいろいろ起きた場合には、面接だとか両親を呼んだり、その他いろいろな活動を夜遅くまで致します。しかし、これはすべて校長の命令で行うわけではありません。私たちは子どものために一生懸命頑張っていくのが教師の仕事だと思っているのです。また、小さい子どもさんのいる女の先生などは遅くまで残れませんので、雑務等については家に持ち帰って仕事をしているのが日常です」

さらに、パソコン作業が教員にとって過酷なものであることを、ある教員が次のように述べた。それに照らせば、パソコンについては初心者にすぎなかった中野の夫が、いかに過酷な作業をしていたかがわかる。

「パソコンは確かに優れた能力を持っていますが、うまく操作できないときには試行錯誤で時間ばかりかかってしまう厄介な機械です。学校にパソコンが導入されても、まったく使わない先生が多いのも、操作方法を勉強する時間が取れないのと、最初の面倒さにつまずいて『手作業でしたほうがずっと速い』ということになるからです。それでもパソコンが便利なのは、最初の苦労を耐え忍べば、資料が一枚のフロッピーに大量に保存され、必要に応じて繰り返し利用できるからです。中野先生は、誰もが忙しい職場のなかで、みんなのために、みんなの代わりに、その最初の苦労を耐え忍ぼうとされたのです」

こうした多くの証言が積み重ねられ、中野の夫の死は、ようやく公務による過労死と認定されたのだ。

◇改善されない労働環境

中野の夫が過労死で亡くなって三〇年が過ぎようとしているが、教員の過労死を招くような環境は改善されていない。それどころか、酷（ひど）くなってさえいるのが現実だ。教員と過労死の問題も、ちょくちょく新聞報道でも見かける。

しかし中野の夫の場合を見ても、認定されるのは難しい。だから現実には過労死と思われても最初から申請しなかったり、申請しても否認されれば、主張し続けることの困難さのために引き下がるケースが多い。

働きすぎが原因の過労死がいつ起きてもおかしくないのが、現在のビジネス社会の労働環境である。学校も例外ではなく、教員たちは過労死の危険と隣り合わせで仕事をしている。

先生がやたらイライラしている理由

◇心に余裕がなくなった先生たち

「やたらに怒鳴る先生が多いみたいだな」

小学生の子どもを持つ男性が、ポツリといった。深刻な話というのではなく、話の切れ目に、子どもに聞いたことを何気なく話してみた、という感じだった。

気になって何人かの親に聞いてみたら、全員から同意の反応があった。といっても、それをことさら問題にしようという雰囲気でもなかった。そして、誰もが「先生もイライラしてるんじゃないの?」と付け足した。

最近の子どもは、大人を大人とも思わない態度を露骨に取る。ひと言でいうなら、「なめている」のだ。体罰、つまり教員による暴力が頻繁に問題にされるようになり、教員が手を上げることはめっきり少なくなった。そのせいもあってか、子どもにとって教員は怖い存在ではなくなっている。だから、平気でなめた態度を取る。

教員はそれを口で注意する。言葉でいって聞かせるのは簡単ではないので、ついつい必要以上に何度も注意しているように聞こえる場合も少なくない。

教員が口で注意するものの、子どもは簡単には聞き入れない。それで、どんどん大きな声で注意することになる。それが子どもたちにしてみれば「やたらと怒鳴っている」となる。しかし怒鳴られても怖くはないので、ふてくされたような態度にもつながる。それで、さらに教員は怒鳴ってしまうことになる。教員の能力もあるが、悪循環だ。

心にゆとりを持って子どもと接していれば、子どももむやみになめた態度を取ってこないのかもしれない。しかし、とにかく教員は忙しい。一対一に近い形で子どもと向き合える状況なら、心にゆとりも生まれよう。ただ、実際はそんな状況ではない。だから、ついつい怒鳴ってしまう、というわけだ。

教員も好きで怒鳴っているわけではない。もともと子どもが好きで教員という職業を選んだのだから、怒鳴るような関係を望んでもいない。それでも怒鳴らざるを得ない環境に学校はあるのかもしれない。

◇教員が感じているジレンマ

つい怒鳴ってしまう環境と、その怒鳴る自分に、教員はジレンマを感じている。それが

(図表3−1)教員の精神疾患による休職者の推移

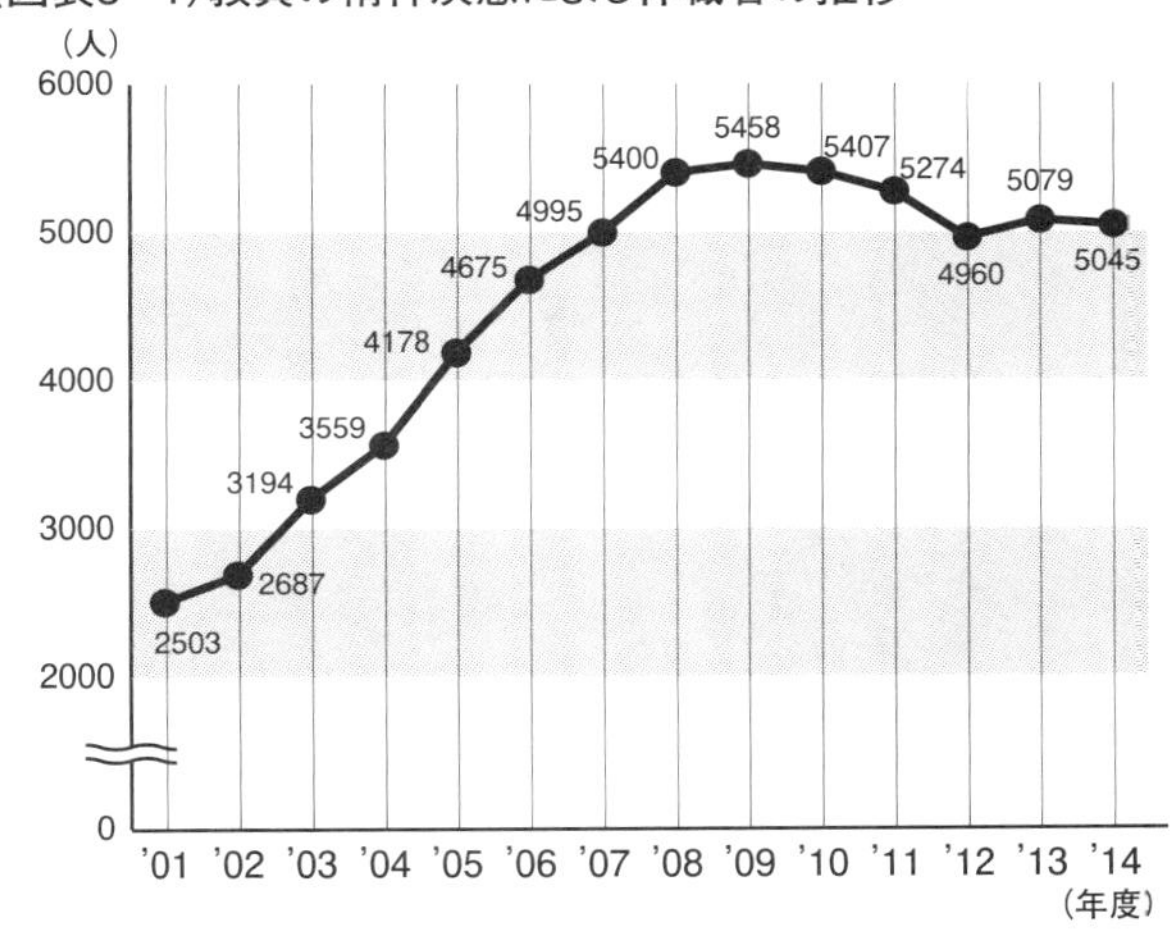

文部科学省「公立学校教職員の人事行政の状況調査」

精神疾患の一因になっている可能性も高い。

教員の精神疾患は確かに増えている。文科省の「公立学校教職員の人事行政の状況調査」によれば、二〇〇一年度には二五〇〇人程度だった精神疾患による休職者数は、どんどん増えて二〇〇八年度には五〇〇〇人を超えている。二〇一二年度だけは四九六〇人と五〇〇〇人を切ったものの、翌年度からは再び五〇〇〇人超えとなり、二〇一四年度には五〇四五人となり、その状況は続いている。

精神疾患を患い、そのために休職を余儀なくされる教員が後を絶たないのだ。そういう状況に学校はなってしまっている。

教員にかぎらず、現代社会では精神疾患をわずらうケースが増えている。その大きな原因がストレスにあることが指摘されている。教員のケースと他業種との比較は単純にはできないが、教員の間でも精神疾患が急速に増えていることだけは事実である。その増え方は、原因が個人的な要因だけでなく、労働環境に大きな原因があることを示している。社会全般のことだから、では済まされない問題だ。

子どもたちに怒鳴っている教員も、そうした一人になる可能性を抱えている。必要以上に怒鳴るのはイライラの表れでしかない。日常的なイライラが募って、自らの精神にダメージを与えることになり、そして職場を去ることにつながりかねない。そんな危ういところに立たされている。

休職なら、まだマシかもしれない。精神疾患につながるようなダメージのために、過労死につながる可能性も大いにあるのだ。

そんな状態にある教員に子どもたちを任せている。それが現在の日本における教育の実態でもある。

「真面目な、いい先生」がなぜ罪を犯したのか

◇現役教員による脅迫事件

千葉県野田市の土曜授業をめぐる脅迫事件で、市の現役教員が逮捕された。その年度から導入された土曜授業について、この教員は「今すぐ土曜授業をやめろ」といった内容の脅迫状を市教育委員会に送りつけていたそうだ。二〇一四年八月のことだった。

これだけの情報だと、「異常な教員」「問題教員」という印象を拭えない。公立の小中学校で完全週五日制が導入されたのは二〇〇二年からのことで、それまでは土曜授業が普通に行われていた。前に戻っただけのことであり、そんなにムチャな労働が強制されたという印象ではないかもしれない。

この勤続二五年という教員は教務主任を務め、若手教員の指導にも熱心だったそうだ。生徒からの評判もよく、事件が発覚すると教え子たちが続々とツイッターで驚きや悲しみの声を投稿したという。つまり、「真面目な、いい先生」だったのだ。

そんな教員が、なぜ脅迫などという病的な行為に出たのだろうか。

この教員をここまで追い詰めた原因の一つには「忙しさ」があることはまちがいない。そして、これまで述べてきたように、真面目に取り組めば取り組むほど、その忙しさは加速されていたはずだ。その忙しさに拍車をかけたのが、この年度から野田市が導入した土曜日の授業だった。授業日数が増えれば、当然ながら教員の負担は大きくなることになる。事件を起こした教員は、「土曜日が辛い」とこぼしていたという。

この情報から判断すると、問題の教員は精神的にも肉体的にも悲鳴を上げていたようだ。そのままいけば、精神疾患や肉体疾患につながった可能性も高い。

その前に、教育委員会に脅迫状を送りつけることで、この教員はストレスの発散を図ったともいえる。その方法は幼稚だし、さらには社会的な常軌を逸していたことも事実である。逮捕されても仕方ない。

教員であれば社会常識を兼ね備えていたはずで、それでも事件を起こしてしまったのは「病気」といってもいい。日頃の忙しさでストレスを募らせているところに土曜授業が始まることになり、それをきっかけにストレスを爆発させたのだ。

◇土曜授業は本当に必要だったのか

もう一つの原因は、土曜授業の導入の仕方にあった、といっていい。この事件を当時の『読売新聞』は、次のように伝えている。

「市教委によると、土曜授業導入後に行った教職員と保護者らへのアンケート調査では、『学力向上に役立つ』と肯定的な意見は、教職員が四割、保護者が八割だという」(八月二〇日付　電子版)

現場の教員は、土曜に授業を行うことに「あまり効果はない」との感想を持っていたことになる。事件を起こした教員も、そのなかの一人だったと想像できる。意味がないと思っていることを強制される。これは、かなりの苦痛だったはずである。これも、事件を起こした教員を追い詰めた。教員の意見が無視される現状も問題なのだ。

にもかかわらず、保護者の大半は土曜授業を支持している。

「学校に行けば子どもたちは勉強するにちがいない」という思い込みで、保護者は土曜授業を支持しているのだ。

◇現場の意見を無視して決まっていく現実

二〇一五年に鹿児島県は、県下の公立小中学校の全校で月一回の土曜授業をスタートさせた。その前年の一二月に県教育委員会が、すべての市町村教委に土曜授業の導入を要請して実現したのだ。県教委が導入を決めた大きな理由は、全国学力テストで成績が低迷していたからである。授業時間を増やせば学力が向上し、全国学力テストの成績も上がると期待したのだ。

その鹿児島県の土曜授業がなかった二〇一四年と、土曜授業再開後の二〇一六年の全国学力テストの結果では、ランキング的には大きな変化はなかった。

もちろん、まだ再開したばかりだし、すぐに効果を期待するのも無理があろう。とはいえ、土曜授業を再開しただけで全国学力テストを含めて学力が向上したという検証結果はない。にもかかわらず、土曜授業復活には、学力の向上という期待がかけられている。授業時間を増やせば成績も上がるという発想なのだが、現場を知る教員にしてみれば現実的な考えではないのだ。

それでも教育委員会としては、保護者の期待に応えないわけにはいかない。そこで、野田市教委は土曜授業の実施に踏み切った。現場の教員は「意味がない」といっているにもかかわらず、その意見を尊重するでもなく、話し合って教員側の理解も了解も得られないままに導入してしまったといえる。

教員にしてみれば、自分たちの意向は無視する形で決められたようなもので、負担だけは押しつけられることになったわけだ。教員の不満が募る状況だったことは確かだ。

何度もいうが、脅迫という方法は明らかに間違っている。それでも、それは一人の常軌を逸した教員の行動というだけで済ませられる問題ではない。この事件を通して、教員の置かれている環境の現状について、改めて考えてみる必要があるように思える。

増える病気休職者の過半を占める精神疾患

◇「尋常でない」休職者の増加

公立学校（小学、中学、高校）の教員の病気のための休職者数は増え続け、最近では年間八〇〇〇人以上を数えている。

文科省の調査によれば、二〇〇四年度の病気休職者数は六三〇八人だったが、二〇〇七年度に八〇六九人と八〇〇〇人台を突破してしまった。

そこからも人数は増え続け、二〇一一年度に少し下がるが八〇〇〇人台は維持したままで、二〇一四年度も八二七七人となっている。そのなかで小学校教員が三八九九人、中学校が二三六六人となっている。公立学校における病気休職の大半を小学校と中学校が占めているのだ。

毎年、これほど多くの教員が休職へと追い込まれている。この数字だけ見ても、学校現場が「尋常ではない」状態にあることが推測できる。

その病気休職のなかでも、多くの割合を占めている原因が精神疾患なのだ。前述したように、二〇〇四年度には三五五九人だったが、二〇〇八年度に五四〇〇人と五〇〇〇人台を突破してから、ほぼ毎年五〇〇〇人台の水準が維持されたままになっている。

◇なぜ教員に精神疾患が多いのか

これを全病気休職者数に占める割合で見てみると、衝撃的である。

二〇一四年度でいえば、全体の病気休職者数は八二七七人で、うち精神疾患による休職者数は五〇四五人である。

つまり、休職者のうち六一％が精神疾患による休職なのだ。

全体の病気休職者が六三〇八人と、まだ八〇〇〇人台に達していないときでも、この割合は高い。精神疾患による休職者数が三五五九人なので、五六％ということになる。

これが六〇％を突破するのは二〇〇六年度のことだ。以来、六〇％を超える水準となっている。病気休職者数が八六六〇人と最高になった二〇一〇年度では、精神疾患による休職者数は六二％を占めている。

一方、独立行政法人「労働政策研究・研修機構」が二〇一四年一月～二月にかけて四五七三人の労働者を対象に調査した結果がある。これはサンプル調査であり、教員の全体調査と単純に比較するわけにいかないが、それでも精神的な不調（メンタルヘルス不調）を訴えている労働者の割合は二五・七％である。

現代では多くの労働者がメンタルヘルスの不調を感じているが、さらに教員の精神疲労の割合は高くなっているのだ。

それによって多くの教員が休職に追い込まれているという事実は重い。

◇健康な精神を持った子どもたちを育てるために

文科省による調査は病院で「精神疾患者」と認められたケースでしかない。そもそも精神的な疲労や疾患で病院に行くのは、よほどひどくなってからのことである。

だから、労働政策研究・研修機構のような「自己申告」による調査をやれば、メンタルヘルス不調を訴える教員数はもっと多くなるはずだ

耐えている教員がどれほど多いのか、（社）国際経済労働研究所と日本教職員組合（日教組）が二〇一〇年一一月中旬から二〇一一年一月下旬にかけて実施した調査に表れている。その「教員の働きがいに関する意識調査」によれば、「朝、起きたときから疲れ切っている」と答えた教員の割合は、小学校で四五・八％、中学校で四七％もいる。つまり、

(図表3−2)教員の休職者における精神疾患の割合の推移

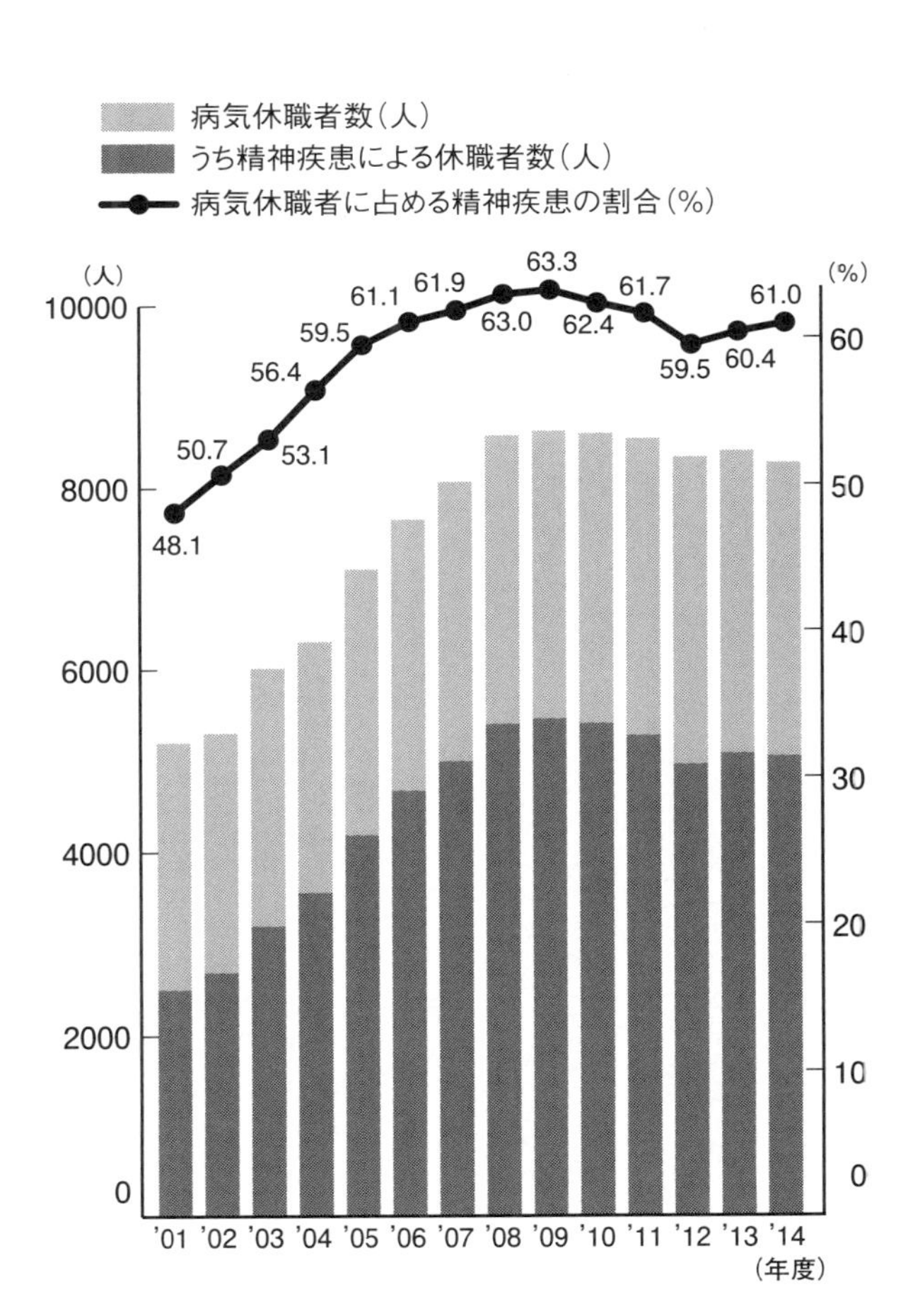

文部科学省「公立学校教職員の人事行政の状況調査」

小中学校の教員のうち半数近くが、朝から疲れ切った状態なのだ。

さらに同じ調査で、「憂うつな気分である」と答えた教員の割合は、小学校で三〇・七％、中学校では三三・一％もいる。

先の結果と併せて考えれば、朝から疲れ切っている原因は、憂うつな気分になるストレスだと考えられる。

多くの教員が、朝、起きたときから疲れるほどのストレスを抱えている。そして、多くが憂うつな気分になるところまでストレスが高まっている。それが、精神疾患の多さにつながっている。

一般企業で働く労働者と同じように教員の健康を守るためにも、こうした状態は改善されなければならない。何より問題なのは、こうした教員たちが子どもたちと向き合っている現実である。

精神的に疲れ切っている教員が、はたして健康な精神を持った子どもたちを育てられるのだろうか。教員の精神的な健康を守ることは、健康な精神を持つ子どもたちを育てるために不可欠なのだ。そういう視点が、あまりにも欠けてしまっているような気がしてならない。

キャリアを積むほど意欲が下がるのはなぜ？

◇「今の仕事を続けたい」教員の割合は…

「教員の働きがいに関する意識調査」（国際経済労働研究所・日教組）によれば、一般企業に比べて教員は、加齢とともに「今の仕事を続けたい」という意欲が低下するという結果が出ている。

五〇歳以上で「今の仕事を続けたい」と答えた割合は、一般企業では女性が六五％、男性が五〇％となっている。これに対して教員の場合は、女性で五三・九％、男性で五六・六％である。

この数字だけ見ると、「なんだ、変わりないじゃないか」と思うかもしれない。それどころか、男性については教員のほうが一般企業よりも「続けたい」と答えている割合は高いのだから、「意欲は高いじゃないか」と思われても仕方ない。

しかし、若い年齢層と比べてみれば問題の深刻さが見えてくる。

◇三〇歳までは意識が高い教員

まず、一般企業における三〇歳未満についていえば、「続けたい」と答えている割合は男性で四一・四％、女性で三二・八％である。これが五〇歳以上になると高くなるわけだ。五〇歳を超えると再就職は楽ではない。苦労してまで転職するよりは、「現在の職場に留まりたい」という気持ちになるのは無理もない。長くやっているとやりがいも感じてくるのだろうが、生活のために今の仕事を続けるしかないとの理由も小さくないだろう。

教員の場合はかなり違う。三〇歳未満で見ると、「今の仕事を続けたい」と答えた割合は、女性で七一・九％、男性では八二・九％にも達している。

この数字は、教員の「意識の高さ」を示している。かつて高度成長期で一般企業の成長力が高かった時代には「デモシカ先生」という言葉があったように、「先生でもやるか」とか、「先生しかやることない」といった消極的な理由で教員という仕事を選ぶ人が少なくなかった。一般企業のほうが待遇がいいため希望者が多く、そこから溢れたために教員を選んだ若者が少なくなかったからだ。

しかし、現在は教員採用試験は難関である。生半可な気持ちで臨んでいては採用されない。それだけに、高い意識を持った若者が集まってきているといえる。

（図表3－3）年齢とともに低下する仕事への意欲

「今の仕事を続けたい」男女別仕事への意欲推移

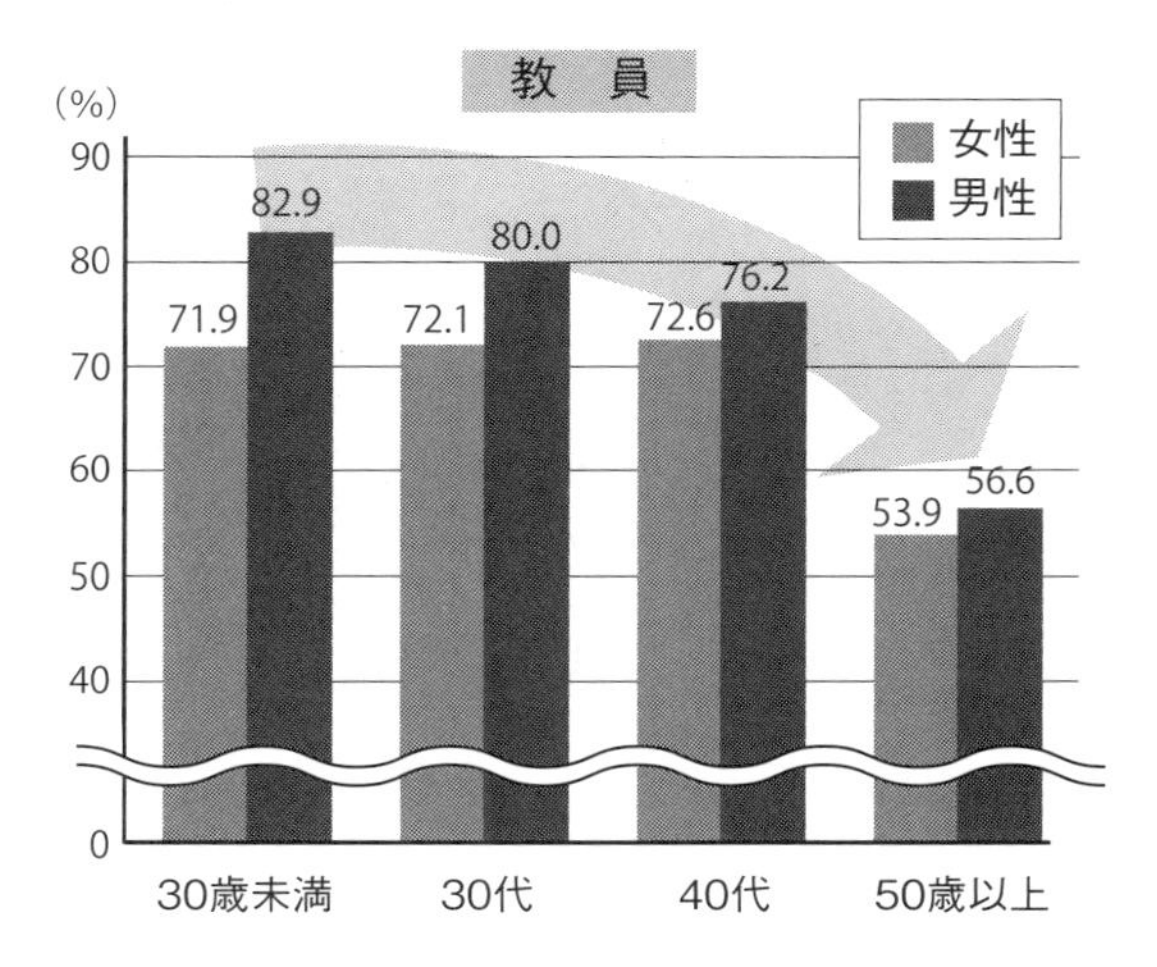

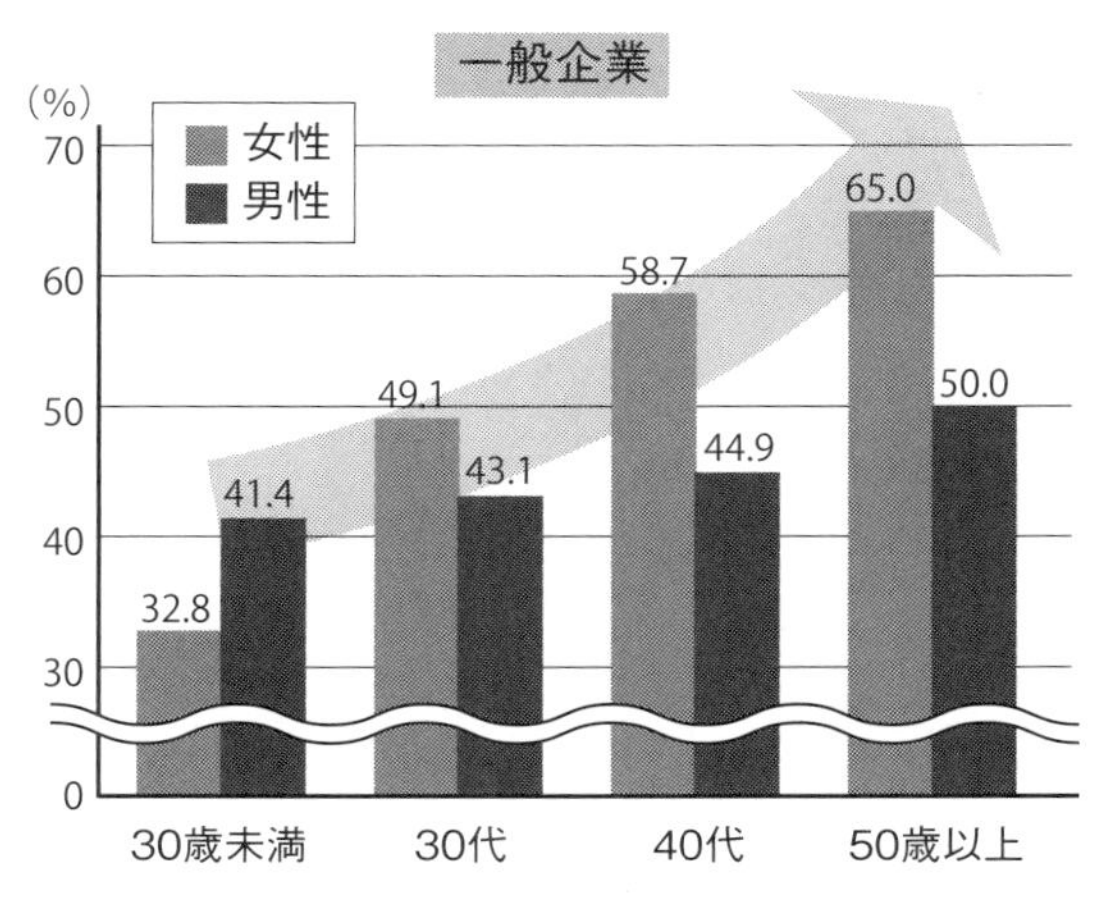

国際経済労働研究所・日教組「教員の働きがいに関する意識調査」

にもかかわらず、歳を取ってくるにつれて「今の仕事を続けたい」と答える割合が半分くらいになってしまっているのである。教員といえども転職が楽なわけではない。一般企業に勤めてキャリアを積み上げてきていれば、まだ転職してもキャリアを生かせる可能性がある。

しかし、学校を辞めて一般企業に転じようと思っても、それまでのキャリアを生かせるような職業がそもそも少ない。これはかなりの難題だ。にもかかわらず、「辞めたい」と考える割合が劇的といっていいくらいに増えてしまっている。

これは「意識が低下している」といってもいい。教員をやる意識が年齢とともに低下してしまっているわけだ。

◇キャリアを積むほどにモチベーションが下がる実態

年齢を重ねて学校の現実というものがわかってくれば、そうそう高い意識など維持できない、ということかもしれない。ただ、加齢で体力も気力も落ちただけではないはずだ。若いころはあった意識の高さを維持できない現実が、学校にはあるといえる。教員を燃え尽きさせる要因を今の学校は抱えているのだ。

子どもたちを育てるということは、子どもたちに高い意識を持たせることである。それが教員の仕事であり、責任である。その肝心の教員が、どんどん意識を低下させる環境のなかにあるのは由々しき問題であろう。

高い意識を持ち続けにくくなった職場環境

教員が高い意識を持ち続けられるかどうか。もちろん本人の問題もあるが、同じくらい外的要因も大きく影響する。

外的要因が何かといえば、それは子どもたちや保護者からの「信頼」である。信頼され、尊敬されていれば、教員も高い意識を持ち続けられるし、持たざるをえなくなる。

しかし、それはあまり高くないのが現実でもあるようだ。

◇先生の地位が低くなった日本

「英国の教育慈善団体『バーキーGEMS財団』は三日、小中学校教師に対する信頼度などを数値化した『世界教員地位指数』を発表した」と報じているのは、二〇一三年一〇月三日付けの『朝日新聞』(電子版)である。さらに記事は次のように述べている。

「今回が初めての調査で、日本は対象となった欧米、中東、アジアなど二一カ国のうち一七位だった」

つまり、後ろから数えて五番目である。上位ではない。調査の結果が示しているのは、日本の教員の「地位は低い」ということである。

かつて教職は「聖職」と呼ばれたりしていた。そこには信頼と尊敬の気持ちが込められていたはずである。ところが最近は、そんな呼び方があったことさえ知らない人のほうが多い。教員を特別な存在として認めるような人は希有（けう）といっていい。

それどころか、ますます「モンスターペアレント」と呼ばれる保護者が増加しているのが実態でもある。

教員が夜でも学校にいるのが当然とばかりに夜の九時ごろに電話をかけてきて、誰も出なかったら、「なんでいないんだ」と逆上する。子どもをちょっときつい言葉で叱ったりしようものなら、「オレの子を虐待している」と怒鳴り込んでくる。教員が土下座して謝るまで許さない保護者も多い、と小学校の教員に聞いたことがある。

◇変わらない現実を前に

それくらい傍若無人の保護者、まさにモンスターペアレントは珍しい存在ではなくなった。そういう親は我が子に教員の悪口をいいたい放題だから、子どもも教員を軽んじることになる。信頼や尊敬など、ほど遠い存在でしかない。

現代は、威張ったりすれば、モンスターペアレントのターゲットにされかねないし、子どもには無視されるに決まっている。だから、虚勢を張ることもできない。

こういう関係では、教員に高い意識を持ち続けろ、というほうが無理というものである。まだ勤続年数が少なければ、もともと意識が高くて教員になったのだから、「なんとか変えてやろう」といった情熱を持って現実に立ち向かえるのかもしれない。

それが勤続年数が長くなってきて、変えられない、変わらない現実を長く経験してくると、変えてやろうという情熱もしぼんでくる。子どもたちを立派に育てる重要な役割を担っている、といった高い意識を維持できなくなるのも当然だ。信頼もされない、尊敬もされない環境が、教員たちの意識を低下させて、教員を続けていく意欲さえも減退させる一因となっている。

第4章

先生に、子どもに、競争を強いているのは誰か

――「何のために」勉強するか…子どもと教育の可能性を広げる視点

エスカレートしていく新・学歴社会

◇「点数を取る」学力ばかりが重視されてきた日本

「国際化」とか「グローバル化」といった言葉が頻繁に聞かれるが、教育については国際比較で語られることは少ないのが現状だ。

「英語ができればいい」だけではなく、国際化やグローバル化のためには、世界に比べても劣らない「教育の質」こそが必要である。

世界のなかの日本の教育を考えるうえで、重要な文書がある。文科省が「戦後新しい教育制度が確立して初めての外国から見た日本の教育に関する公式の報告書である」（学制百二十年史編集委員会）と位置づけている報告書である。

一九七一年一一月にＯＥＣＤ（経済協力開発機構）教育調査団がまとめた「日本の教育政策」が、それだ。かなり古い資料だが、日本の教育が国外からどう見られていたのか、それが変わったのかを考えるためのベースに置く価値がある。

ＯＥＣＤといえば、ＰＩＳＡ（生徒の学習到達度調査）を思い浮かべる人は多いはずだ。

ＰＩＳＡは、義務教育修了段階において、それまでに身につけてきた知識や技能を実生活のさまざまな場面で直面する課題にどの程度活用できるかを測るための調査である。二〇〇三年と二〇〇六年のＰＩＳＡで日本の順位が低下したことで「学力低下」が叫ばれ、いわゆる「ゆとり教育」が「学力重視」へと転換されていった。その経緯からＯＥＣＤといえば、「学力重視」の調査と誤解している人も多いようだ。

その誤解の上に立てば、「日本の教育政策」は調査が行われた一九七〇年一月時点の日本の「点数を取る学力」の高さ（もしくは低さ）ばかりに焦点が当てられた報告書ではないか、と思われても仕方ない。

◇教育に求められる二つの機能

しかし、その報告書を見てみればわかるのだが、「点数を取る学力」に調査の主眼は置かれていない。ＰＩＳＡにしても、前述したように、点数を競うためのものではない。

報告書は、学力、それもテストで点数を取る学力を重視していない。それとは真逆のところに視点がある、といってもいい。報告書には、次の一文がある。

「日本の教育制度には、第二の機能を果たすためまっしぐらに突進してきたという強烈な特徴がある」

ＯＥＣＤ教育調査団は、教育には第一の機能と第二の機能があるとしている。まず第一の機能を、次のように定義している。

「学校とは、男性と女性をより良い男性と女性――つまり社会的に認められたすべての価値基準にてらして、より良い男性と女性にするために存在する」

言い換えれば「人間教育」である。よりよい人間に子どもたちを育てるために学校は存在する、というわけだ。

そして、第二の機能は次のように定義されている。

「学校は、選抜の社会的手段でもある。それぞれの世代のさまざまな才能を訓練し、彼らを人間生活のいろいろな分野にふり分ける」

選別するための教育である。何のために選別するかといえば、産業にとって役立つ人材を選り分けるためだ。日本の教育、学校は、この選別の機能を果たすために「まっしぐらに突進してきた」と指摘しているのだ。

その結果が学歴社会であり、「教育は学歴主義の確立に奉仕し、学歴にもとづく階層は、一度選抜されれば、そこから脱出するのはきわめてむずかしい」としている。ＯＥＣＤ調査団は、日本では重視されてきた学歴主義を評価していない。

選別、つまり入学試験のためばかりに学校が力を割きすぎていると批判的な目を向けているのだ。

◇個性を否定される子どもたち

報告書は書いている。

「中学校の最後の学年はほとんどの場合、高校入試に向けられている。多くの都府県では毎月のように模擬テストが行われ、それにもとづいてすべての子どもたちを、それぞれの能力に見合った高校に進学させるための厳密な順位づけがなされている。こうした現状が、おくれた子どもたち、とりわけ高校に進学しない二〇％の子どもたちに犠牲を強いないはずがない。この問題が一般にはほとんど論議の対象になっていないことに、われわれはおどろきを覚えた」

高校に進学しない子ども、テストでの点数を取れない子どもは犠牲になっている、と指摘しているのだ。犠牲になっているのは、そうした子どもたちだけではない。

入学試験という単一の価値観を押しつけられ、その結果で人生が大きく左右され、そのための競争を強いられる。それ以外のところで才能があったとしても、それは評価されない。ほかにやりたいことがあったとしても、点数によって志望校を振り分けられ、その学歴に見合った人生を強制されることになる。

テストで点数が取れても取れなくても、子どもたちは個性を否定される。その意味では、日本の子どもたち全員が犠牲になっている。それをＯＥＣＤ調査団は疑問視し、批判的に指摘しているのだ。

◇「行き過ぎた学歴社会」のその後

しかし、この指摘を受けて日本の教育政策は変わったのか。変えようと努力したのだろうか。残念ながら「否」である。

報告書では高校入試からの選別を問題にしているが、今や中学受験も当然のようになっている。特に都市部では、公立小学校に通っていても、多くの子どもたちが公立中学校に進学せず、選抜試験を受けて私立を選択している。東京都の渋谷区では、公立小学校を卒業した子どもたちの半数までが私立中学に進学するという。

そのための入試対策で、子どもたちが学習塾に通うのは当然とされている実態がある。

都市部では小学三年生から塾通いをしないと進学競争に勝ち残れない、というのが常識化しつつあるのだ。七一年にＯＥＣＤ教育調査団から指摘された「行き過ぎた学歴社会」は、是正されるどころか、ますますエスカレートしている。

国連も心配する、日本の子どもたちのストレス

ない。

◇国連による三回の勧告にもかかわらず

日本の教育について、海外から懸念の目を向けているのはＯＥＣＤ教育調査団だけではない。

国際連合の「子どもの権利委員会」は、これまで日本政府に対して三回の勧告を行っている。同委員会は、世界一九一カ国で採択している「子どもの権利条約」による義務の実施について締約国が行った進捗状況を審査している。

その第一回の日本政府への勧告は一九九八年に行われ、四九項目の総括所見が述べられている。そのなかで、日本の教育システムへの懸念が述べられているのだ。その部分、第二二項は次のように指摘している。

「委員会は、競争が激しい教育制度のストレスにさらされ、かつその結果として余暇、運動および休息の時間が得られないために子どもたちの間で発達障害が生じていることを、条約の原則および規定、特に第三条、第六条、第一二条、第二九条および第三一条に照ら

して懸念する」

過度な競争のために子どもたちに強いストレスを与え、子どもたちの健康に害がおよんでいる実情を懸念しているのだ。条約の原則第三条は「子どもの最善の利益」、第六条は「生存と発達の権利」、第一二条は「子どもの意見の尊重と参加する権利」、第二九条は「教育の目的」、第三一条は「休息、余暇および遊びへの権利」となっている。これらに照らして日本の実情を、子どもの権利を侵している懸念があるというのだ。

そして子どもの権利委員会は、「過度のストレスおよび学校忌避を防止し、かつ、それと闘うために適切な措置をとるよう勧告する」としている。競争の激しい教育制度の是正を強く求めているのだ。

◇子どもの権利委員会が示す五つの「教育の目的」

この勧告を受けて、日本政府は是正に努めたのだろうか。三回目の勧告が行われたのは二〇一〇年だが、そこには次のような文面がある。

「委員会は、学業面での優秀な成果と子ども中心の能力促進とを結合させ、かつ、極端に競争的な環境によって引き起こされる悪影響を回避する目的で、締約国が学校制度および大学教育制度を再検討するよう勧告する」

日本の学校制度が「極端に競争的な環境」をつくっていると指摘し、その是正を求めている。第一回での勧告による是正がまったく行われていないことへの、委員会の苛立ちさえ感じる。この文章に続けて委員会は、次のように述べる。

「これとの関連で、締約国は、教育の目的に関する委員会の一般的意見一号（二〇〇一年）を考慮するよう奨励される」

その一般的意見第一号は「教育の目的」として、次の五つを示している。

①子どもの人格、才能ならびに精神的および身体的能力を最大限可能なまで発展させること

②人権および基本的自由の尊重ならびに国際連合憲章に定める諸原則の尊重を発展させること

③子どもの親、子ども自身の文化的アイデンティティ、言語および価値の尊重、子どもが居住している国および子どもの出身国の国民的価値の尊重、ならびに自己の文明と異なる文明の尊重を発展させること

④すべての諸人民間、民族的、国民的および宗教的集団ならびに先住民間の理解、平和、寛容、性の平等および友好の精神の下で、子どもが自由な社会において責任ある生活を送れるようにすること

⑤自然環境の尊重を発展させること

子どもが、より人間らしく成長することが教育の目的だ、としているのだ。日本の教育は、こうしたことが軽んじられ、極端な競争環境ばかりが優先されている、と国連の子ども権利委員会は指摘していることになる。

極端な競争環境とは、いうまでもなく入学試験をめぐる状況を指している。入学試験のために、子どもたちは厳しい競争を強いられ、そのために健全な精神の発達に不可欠な「余暇および運動、休息の時間」が奪われてしまっているのだ。

◇競争に拍車がかかる日本

学校以外での学習時間についてのデータが少ないためデータは古くなるが、二〇〇七年の「学習基本調査・国際六都市調査」（ベネッセ教育総合研究所）によれば、東京の小学

生は学習塾も含めて平日に一〇一分を学習の時間に充てている。これに対してワシントンD.C.では六二分である。

日本の小学生全体の平均でいえば、二〇〇一年には七〇分強だったものが、年々増え続けて、二〇一五年には九五・八分になっている（ベネッセ教育総合研究所調べ）。当然、東京の小学生の平均学習時間も、二〇〇七年に比べて増えているはずだ。

その理由としてベネッセ教育総合研究所は、二〇〇七年に全国学力テスト（全国学力・学習状況調査等）が始まり、宿題が増えたことが大きいとしている。全国学力テストで成績を上げるための、都道府県、市町村、そして学校の競争が激化しているためだ。

国連・子どもの権利委員会の勧告に反して、日本の競争環境激化には拍車がかかってきている。

［子どもの権利委員会の勧告は平野裕二・ARC（Action for the Rights of Children）代表の翻訳を利用］

目指すは「三割の正規社員」に勝ち残るための教育？

◇産業界の要請に応える日本の教育界

海外から見ると日本の教育は「異常」な状態にある。前述のように、それについて国際機関から再三にわたって勧告を受けているものの、いっこうに改善される気配がない。むしろ、ますます「異常な」競争が熾烈化してきているのが現実だ。

その原因の一つに、産業界からの要請がある。子どもたちは、やがて学校を卒業し、社会へと旅立っていく。その社会では、自分の夢を叶えるためにも、生活していくためにも、仕事をすることが必要になってくる。

産業界の視点に立てば、子どもたちは将来の労働力なのだ。そのために産業界は、子どもたちが将来の労働力としての資質を身につけてくれることを望んでいる。その子どもたちの資質を育てていくのに、学校は重要な役割を果たしている。

だからこそ、産業界は教育について、さまざまな注文をつける。そして、学校は産業界の要請に応える形になっているのが日本の教育の構造である。学校は文科省や政府の方針に従う形で、産業界の要請を受け入れている。

「そうした産業界の要請というか、意向というか、少なくない教育関係者が衝撃を持って受け止めたものがあります」

ある教育関係者がいった。そして彼は、「新時代の『日本的経営』」という文書の存在を教えてくれた。

◇働き方を三つに分類

この文書は、労働問題について経営者側の統一的対策を立てるために組織されていた日本経営者団体連盟（日経連）が、一九九五年に発表したものだ。ちなみに日経連は、二〇〇二年に経済団体連合会と統一して日本経済団体連合会（経団連）になっている。

その文書で日経連は新時代の労働者を、

A　長期蓄積能力活用型グループ
B　高度専門能力活用型グループ
C　雇用柔軟型グループ

の三つに分類している。さらに文書はAを管理職など基幹職、Bを専門職、Cを一般職や技能・販売職としている。

その違いがもっとはっきりわかるのは、Aを「期間の定めのない雇用契約」としているが、BとCは「有期雇用契約」としていることだ。今風にいうなら、Aは正規雇用だが、BとCは非正規雇用である。

現在も問題になっているように、正規雇用は収入的に安定しているが、非正規では生活が安定しない。学校の教員でも非正規の待遇が最悪な状態なのと同じで、非正規は悪い待遇になる可能性が高い。人件費を抑えたいのが経営者であり、そのために非正規の待遇を極端に抑えるからだ。

「新時代の『日本的経営』」による分類でも、Aの賃金は月給制か年俸制で昇給制度がある。しかし、Bは年俸制だが昇給はない、Cになると時間給で、もちろん昇給はない。

◇「七割は非正規労働者」を望む産業界

この文書からわかるのは、労働者を正規と非正規に明確に分けるのが経営者の意向ということだ。非正規雇用を減らして正規雇用を増やさなければならないという議論がある一方で、そんなことを経営者はまったく考えていないのだ。むしろ正規と非正規をはっきり分け、賃金を抑制する方向を目指している。

「長期蓄積能力活用型グループ、つまり正社員は少なければ少ないほどいい。いろいろな議論がありましたが、それは全労働者の三割が妥当だと経営者は考えているとの見方でした。あとの七割は非正規雇用がいいと考えていることになります」

三割に入らなければ、安定した生活は約束されない。「新時代の『日本的経営』」が示した姿が現実化していることは、非正規が増えている現状を見ればわかる。

その現実を前に、子どもを持つ親たちは、我が子を非正規ではなく正規雇用の道へ進ませるために必死になっている。それは「新時代の『日本的経営』」が示す、三割につながる道でもあるのだ。

その方法とは、いうまでもなく、「いい会社」に就職させるために「いい学校」に我が子を入れることである。それには、我が子を競争に参加させるしかない。学校も、そうし

（図表4－1）正規労働者は3割いればいい？

企業・従業員の雇用・勤続に対する関係

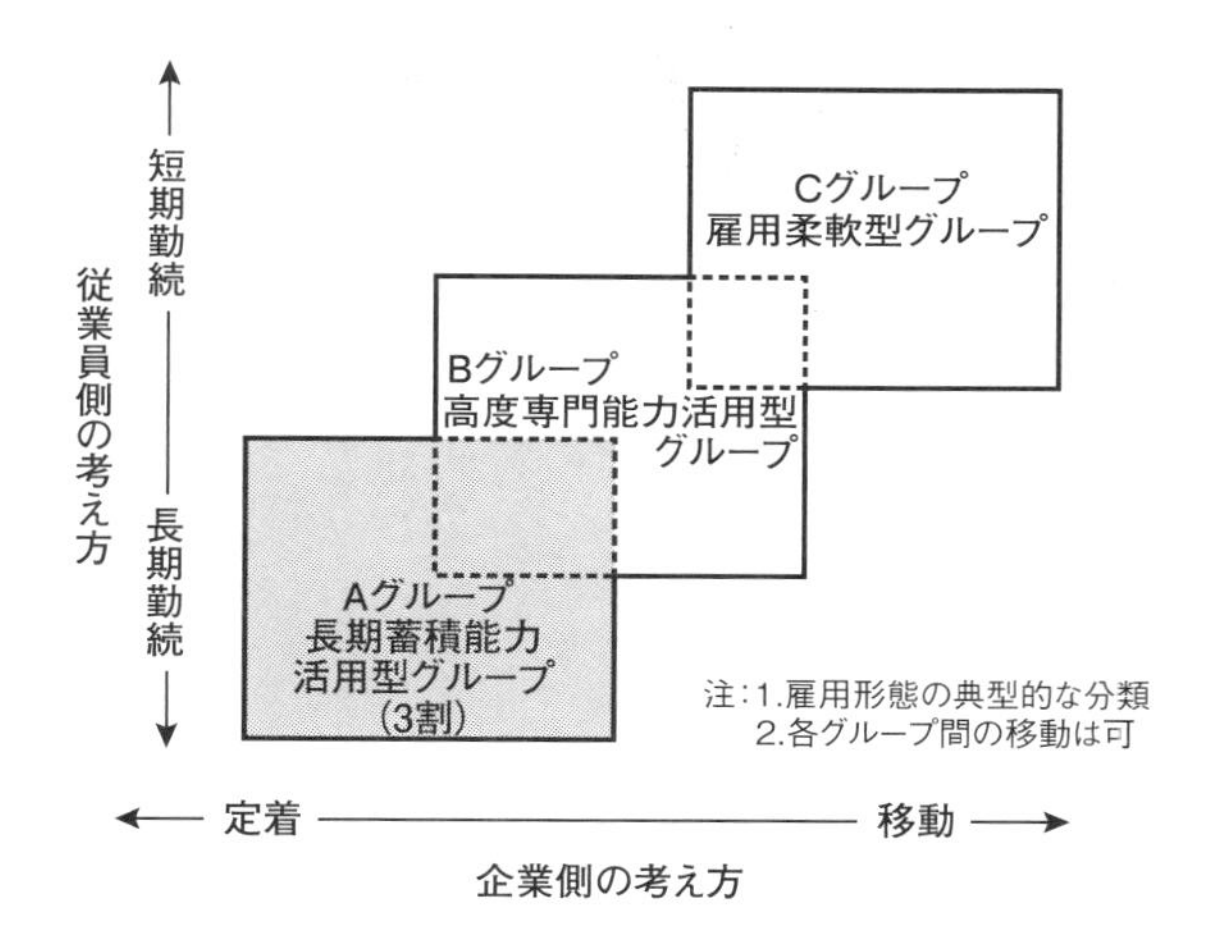

グループ別にみた処遇の主な内容

	雇用形態	対　象	賃　金	賞　与	退職金・年金	昇進・昇格
Aグループ	期間の定めのない雇用契約	管理職・総合職・技能部門の基幹職	月給制か年俸制職能給昇給制度	定率＋業績スライド	ポイント制	役職昇進職能資格昇格
Bグループ	有期雇用契約	専門部門（企画、営業、研究開発等）	年俸制業績給昇給なし	成果配分	なし	業績評価
Cグループ	有期雇用契約	一般職技能部門販売部門	時間給制職務給昇給なし	定率	なし	上位職務への転換

日本経営者団体連盟『新時代の「日本的経営」』（1995年）

た親たちの期待に応えるために、入学試験に役立つ教育を優先している。産業界の思惑通りに、日本の教育はばく進しているのだ。

だから、海外からの勧告に耳を貸す余裕はない。国際的には「異常」と見られようが、ただただ、三割に残る競争に奔走しているのである。そして、競争を強いられる子どもたちは、疲れ果てている。

学校を競争させることで得する人たち

◇公立の中高一貫校が誕生した背景

管理職以外の労働者は非正規でいい、とする考えを示した「新時代の『日本的経営』」を日経連が発表したのは、一九九五年だった。その後の一九九八年、学校教育法が改正され、公立の中高一貫校の設立が認められるようになり、全国で設立が相次いでいく。

私立で「名門」と呼ばれる学校の多くが、中高一貫校である。名門とは、有名大学への合格率の高さとイコールの意味で使われることが多い。

つまり、大学受験には私立中高一貫校が有利、というわけだ。中学と高校が分かれていれば、中学では中学の学習、高校では高校の学習と、三年間ずつ完全に分断されている。しかし中高一貫だと、六年間で考えることができる。大学受験をゴールにして、三年間ではなく、六年間のスケジュールを組むことができるのだ。高校二年までに国が定めた学習カリキュラムはすべて終えて、高校三年生のときは受験のための授業に特化する、という学校も少なくない。だから、有名大学への合格率も高まるわけだ。それも、六年間タームで準備できるからである。

有名大学に合格することが大事だと思えば、そうした私立の中高一貫校への進学を希望するのは当然ともいえる状況なのだ。だからこそ、中学受験者が多くなっている。そのために、多くの子どもたちが学習塾に通う。

「中学受験のために学習塾に通わせるなら、小学三年生からが最低ライン。それ以後になると遅すぎる」

中学受験する子どもの保護者が真剣な顔で教えてくれた。それが、中学受験の子どもを抱えた親の間では「常識」なのだ。

◇「三割」に入るための競争

有名大学を卒業すれば、一流企業に正社員として就職できる、という現実は残念ながら存在する。三割と想定される日経連(当時)が分類する「正規雇用の管理職」を目指すには、有名大学卒業が一つのパスポートなのだ。だから子どもも親も、有名大学の合格率が高い学校、それも中高一貫校を目指して必死になっているのだ。

そして、有名大学を目指せるような「優秀」な子どもたちは私立に行ってしまい、その他が公立学校に残ることになる。都会ほど、そういう傾向が強い。

公立の人気は、ますます下降線をたどるばかりなのだ。そこに歯止めをかけるためには、有名大学の合格率を上げるしかない。それが教育の目的であってはいけないが、現実に、それがニーズとなってしまっているのだから、それに応えるしかない。

そこで登場したのが、公立の中高一貫校というわけである。中高を一緒にしたカリキュラムを組むことで、私立の中高一貫校がやっているような受験体制を敷くことが可能になったのだ。それで合格率が上がれば、公立の地盤沈下も食い止められる。

しかし、公立の中高一貫校が受験で実績を残すようになれば、さらなる競争の激化は必至である。有名大学の合格が狭き門であることに変わりはなく、そこに殺到する者の力が拮抗（きっこう）すればするほど、競争も激しくなるからだ。

それは、日経連が示した「正規雇用の管理職」の競争も激しくなることを示している。公立中高一貫校の登場は、日経連が想定している「三割」に入るための競争を、より激しいものにしているのだ。

それは、産業界にとっては望ましいことでもある。競争が激しくなればなるほど、勝ち残った者は優秀ということになるからだ。優秀の基準をどこに置くかは別として、テストで点数を取るのに優秀な人材だけが残ることになる。そういう人間が企業に入ってくればメリットがある、と産業界は考えているようだ。

◇産業界が変わらなければ教育も変わらない

日経連と経団連が統合して発足した日本経済団体連合会（経団連）は二〇〇四年四月に、「21世紀を生き抜く次世代育成のための提言」を公表している。タイトルだけだと、子どもたちが二一世紀を力強く生きていくための提言なのかと想像してしまう。

ところが、中身はいきなり「産業界は以下の三つの力を備えた人材を求めている」と述べている。

その三つの力とは、物事に使命感を持って取り組む「志と心」、困難を克服しながら目標を達成する「行動力」、深く物事を探求する「知力」だと述べている。いずれも、企業や産業界にとっては必要な力であることはいうまでもない。

それを実現する改革を実行するために、「提言」は「教育機関が互いに切磋琢磨(せっさたくま)する環境を整備することによって、学校や教員が改革に取り組まざるを得ない状況をつくることが重要である」と述べている。学校を競争させることで、より産業界にとってメリットとなる人材がつくり出される、といっているのと同じだ。そのために産業界は、教育にますますの競争を求めている。

公立の中高一貫校の導入、そして全国学力テストの成績を公表するなど、教育において競争が激化しているのが現実である。それは、産業界が強く望んでいることでもあるのだ。産業界の考え方が変わらなければ、教育も変わらないということになる。

小中一貫「義務教育学校」設立の本当の目的は…

◇「中一ギャップ」とは

教育における競争の仕組みは、ますますエスカレートするばかりである。

学校教育法の改正によって二〇一六年四月から始まった「義務教育学校」も、その一つだ。

小中学校の九年間を通してのカリキュラムをつくれる学校で、小中一貫校である。国公私立いずれでも設置が可能だが、公立の場合、隣接する小学校と中学校をくっつけて運用すればいいので、やりやすい。

中高一貫校を導入したように、公立をテコ入れするための施策である。小学校から中学校、さらには高校まで一貫となっている私立は少なくない。そうした私立の人気が高いのも事実だ。それに対抗できる競争力を確保するために、公立でも小中一貫校を実現しようというわけだ。

これまで、その設立の狙いは「中一ギャップの防止」と報じられてきている。そのように文科省が発表しているからだ。同省による「問題行動等調査」の結果を学年別に見ると、小六から中一でいじめや不登校の数が急増していることから生まれたのが、「中一ギャップ」である。

中学校には、いくつかの小学校から子どもたちが集まってくる。それまで顔も知らなかったような子と同じ学校になり、クラスメイトになることになる。

それによって、いじめが起きたり、友だちとなじめず不登校になるというのが、「中一ギャップ」の考え方なのだ。

◇「生きる力」を育むこととの矛盾

しかし、いじめや不登校は中一だけで起きるものではない。小学校でのいじめも、かなりの数で存在している。

にもかかわらず中一ギャップだけを問題にして新しい学校をつくる理由とするのは、無理がある。

中学校で違う小学校の子たちと一緒になることがいじめや不登校の原因であるというなら、高校でのいじめや不登校を防ぐには、小中高一貫校をつくらなければならないとの理屈になってしまう。そんなことは、非現実的でしかない。

文科省は新学習指導要領で「生きる力」を育むことを強調しているが、顔なじみの子どもばかりを集めて、その他は寄せつけないようなやり方では、とても「生きる力」など育めない。多くの子どもたちが切磋琢磨することで「生きる力」は育まれる。文科省がいっていることとやっていることは矛盾している。

では、なぜ、義務教育学校をつくるのか。

その目的は、公立の中高一貫校をつくったことと同じと考えるほうが自然だし、納得がいく。義務教育学校として小学校六年間と中学校三年間をつなげて、九年間の効率的なカリキュラムで学力を上げる、テストで点数を取ることのできる教育を目指している、と考えるほうが自然だ。

実際、二〇一六年四月に義務教育学校としてスタートしたところでは、九年間を「四年・三年・二年」に変更したものが多かった。そのほうが受験に合わせた指導を充実できる、ということらしい。

中高一貫校が、より大学受験に特化したカリキュラムを組めるのと同様のことを、義務教育学校で目指しているのだ。

義務教育学校が力をつけてくれれば、ほかの学校もグズグズしていられなくなる。産業界の望む競争が、いっそう強化されることになるのだ。そこで勝ち残った者だけを、産業界が正規社員として残し、そのほかは非正規として低賃金で働く存在にしてしまう。日本の教育は、そんな方向へと突き進んでいる。

誰のためのプログラミング教育か

◇二〇三〇年に向けて大きく不足するＩＴ人材

二〇一六年四月一九日、文科省は小学校でプログラミング教育を必修科目にする検討を始めると発表した。二〇二〇年度からの新学習指導要領に盛り込むつもりなのだ。

ＩＴ（情報技術）が社会の重要な要素になりつつあることは、誰も否定しないだろう。とはいえ、子どもたち全員が、しかも小学校からプログラミングを学ぶ必要性があるのだろうか。

文科省が小学校でのプログラミング教育を進めようとしている背景には、ＩＴ人材の不足がある。

文科省が小学校でのプログラミング教育必修化の検討を発表した二カ月後の六月、経済産業省（経産省）が「ＩＴ人材の最新動向と将来推計に関する調査結果」を発表している。

それによると、マクロ規模でのＩＴ産業で働くＩＴ人材は、二〇一七年で九二万二四九一人だが、これが一九年の九二万三二七三人をピークに徐々に減っていくと推計されている。三〇年には八五万六八四五人と、九〇万人を大きく割っている。

ただし前述したようにＩＴは社会の重要な要素となっていることから、その人材ニーズは当然ながら増えていくはずだ。ＩＴ人材が減っていくにもかかわらずニーズが増えれば、そこには「不足」が生まれる。

二〇一七年でも、その不足は二二万人近くになっていると経産省はいう。不足分は徐々に広がって、二〇三〇年には五八万人を突破するというのだ。

まさに、産業界にとっては危機的な状況になってしまう。その危機を回避するためには、ＩＴ人材を増やさなければならない。すでにいる社員や新入社員を教育してＩＴ人材に育てようとしても、間に合わない人材不足の加速度だ。

◇ＩＴ人材を切望する産業界＆経産省と、文科省

そこで産業界が期待するのが、教育ということになる。小学生からプログラミング教育をやり、そこで競わせて優秀な人材を選別していけば、その小学生が企業に入社するころには立派なＩＴ技術者に育つ要素を持った人材になっている。企業にしてみれば、確実な人材を入社させ、しかも入社後の研修費用は最低限にしてＩＴ人材を確保できることにな

る。これほど効率的なことはない。

小学校でのプログラミング教育導入の検討開始より、経産省の発表が一カ月遅いから、両者に関係はない、との意見があるかもしれない。しかし、こういう類いのことは、目に見える現象だけがすべてではない。大きな動きがあり、表面に出てくる現象はわずかなものでしかない。ＩＴ人材を切望する産業界と経産省、そして文科省の間で、早くからＩＴ人材供給のための策が練られてきただろうことは想像に難くないのだ。

小学校での必修化に合わせて、中学校でも内容を強化し、現在は選択科目となっている高校でも必修科目にしていく予定である。教育界が、産業界の要請に全面的に応えようとしているのだ。

◇産業界に直接貢献しない教育分野は冷遇される？

製造が主体だった高度成長期には、モノづくりのための人材を大量供給するために工業高校をはじめとする職業学校が多く新設されていった歴史がある。それと同じで、今度はＩＴ社会に合わせた人材を送り出そうというわけだ。

高度成長期の場合は高校からの対応だったが、少子化が進んでいることもあってか、今

（図表4－2）IT人材の不足規模に関する予測

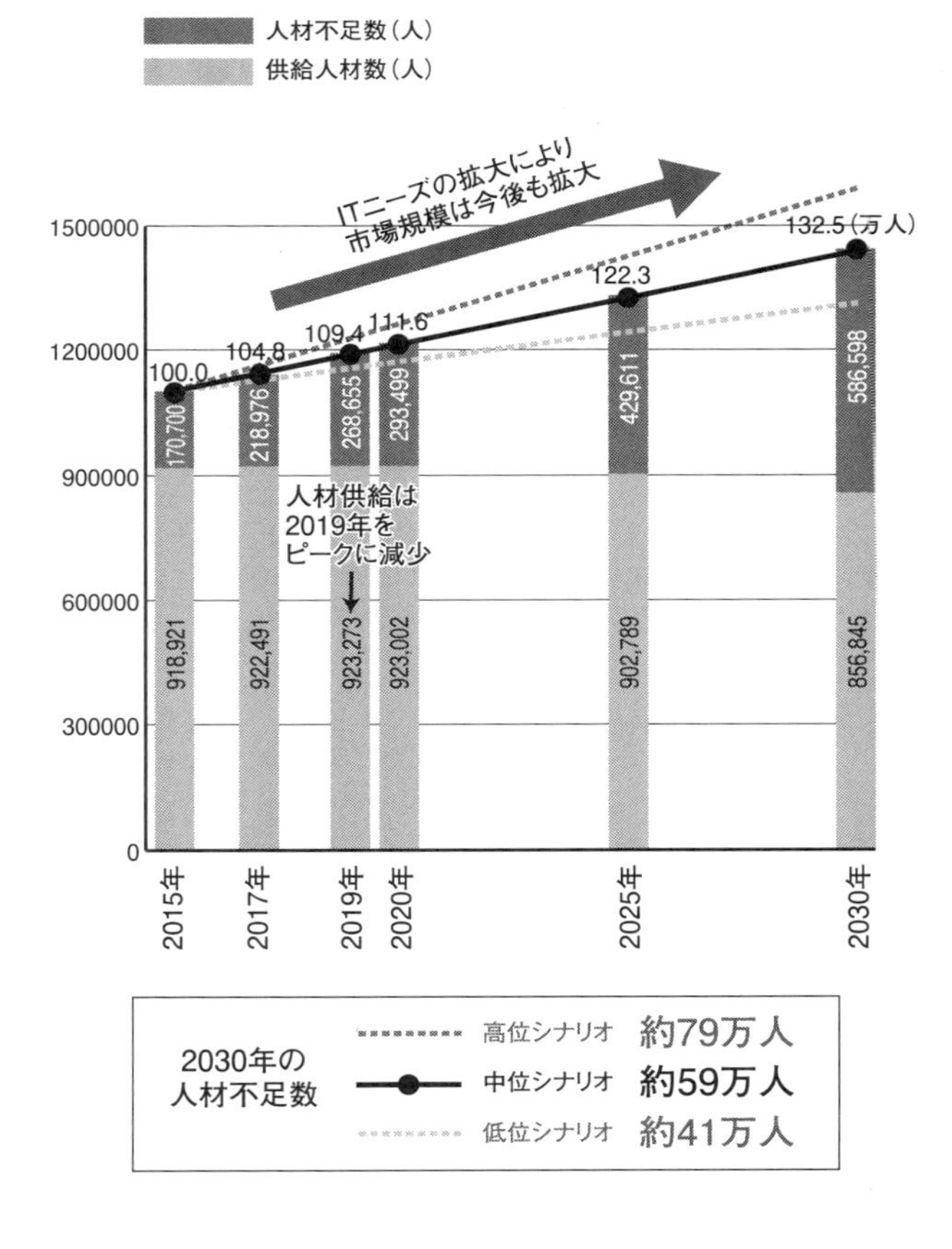

経済産業省「ＩＴ人材の最新動向と将来推計に関する調査結果」（2016年）

度は小学校からという徹底ぶりである。

二〇一五年六月の文科省による通知「国立大学法人等の組織及び業務全般の見直しについて」が、「人文系学部の切り捨てだ」として学術団体が抗議声明を出すなどの騒動になった。これに対して文科省は、通知の文章が舌足らずだっただけで「誤解だ」と火消しに躍起になった。

しかし私立でも文学部を国際系学部と実学重視に改組するなど、大学で文系学部が軽視され、経済界・産業界の活動に直接貢献する可能性の高い理系学部が優遇される傾向には拍車がかかりつつある。それが小学校にまで広がろうとしているのだ。

〝それでも〟早期英語教育を実現したがる理由

◇英語の早期教育は必要か

「文科省は国際的なコミュニケーション能力を高めるために英語が必要だと説明しますが、学校の外国人生徒で多いのは圧倒的に中国人です。子どもたちの住環境的にも、周りに増えているのは中国人です。英語を勉強しても使う機会はない。国際的コミュニケーションをいうなら、中国語を習わせたほうが現実的だし、役に立つと思いますけどね」

笑いながら、都内在住の私立小学校教員がいった。しかし文科省は中国語には見向きもせず、英語教育ばかりに執念を燃やしている。

二〇一六年度中に文科省の諮問機関「中央教育審議会」に答申される次期学習指導要領で、文科省は小学五年生と六年生の「外国語活動」を正式教科の英語に格上げし、時間数も年間に七〇コマ分（一コマは四五分）に倍増する案を公表している。

この文科省の方針に、学校現場の教員からは不満の声が噴出している。

二〇一六年九月一七日付の『毎日新聞』は、次期学習指導要領で小学校で英語教育が強化されることについて現場の教員を対象にアンケート調査を実施し、その結果を載せている。

まず、英語が小学校高学年で正式教科になることについて高学年を担当する小学校教員一〇〇人に聞いているが、正式教科にすることに四五人が反対し、「どちらでもない」との回答が二六人、「賛成」と答えた教員は二九人となっている。大半の教員が小学校で英語を正式教科とすることに疑問を持っているわけだ。

◇教員の負担は子どもたちにものしかかる

反対理由で多かったのは、「教員の負担増」だった。英語が教科化することで全体の授業時間が週一時限増えることになるのだが、それによって他教科の授業時間が減るわけではない。単純に、これまでより一時限多くしなければならないのだ。現在でもタイトすぎる時間割のなかで、どう余計な一時限を捻出するのか、物理的にも精神的にも大きな負担になっていくことはまちがいない。

その負担は、教員だけでなく、当然ながら子どもたちにものしかかってくる。これまで以上に授業に時間が取られるし、それに伴って予習や復習、さらに宿題にも時間を取られることになるからだ。

これまで小学五年生と六年生には年間三五コマの外国語活動の時間があったが、英語が正式教科になるに伴って新たに三五コマが追加されることになる。その三五コマ分の時間を文科省は一五分程度の分割授業にしたり、夏休みや冬休みを活用することを考えているという。現状でも、授業が始まる前の朝の時間でも読書の時間が設けられ、休み時間もさまざまな形で利用されている。小学校でも一日いてみればわかるのだが、かなりタイトな時間の過ごし方になっている。そんななかでの文科省の方針は、乾いた雑巾をさらに絞れ、といった発想でしかない。

そこに一五分の分割授業を組み込むことは、教員や子どもたちにとっては重荷でしかない。夏休みや冬休みの活用といっても、休みの期間を少なくすることになる。子どもたちにとっては夏休みや冬休みにしかできないこともあるわけで、それが英語の授業のために奪われることになる。

それに対する教員の不満は大きい。文科省の考えていることに賛成か反対かを聞いた結果では、一〇〇人のうち七三人までが「反対」と答えている。もちろん、教員が自分たちの都合ばかりで反対を唱えているのではなく、子どもたちと接している立場として、子どもたちの負担を考えての反対である。

◇やたらと順位をつけたがる文科省

文科省の強引な英語教育強化は、小学校にかぎったことではない。

二〇一六年四月四日、文科省は全国の公立中学・高校の生徒の英語力に関する二〇一五年度調査結果を発表した。そこで都道府県別の状況までが発表されている。文科省はあからさまに順位付けを発表しているわけではないが、都道府県別の状況を示せば順位を発表したのと同じだ。実際『日本経済新聞』(四月四日付、電子版)が「中学は千葉・高校は群馬が一位」というタイトルをつけて報じているように、関心は「順位」に集まった。

こんな順位付けにつながる都道府県別の状況発表を文科省が行ったのは、今回が初めてのことである。

都道府県別の状況が発表されたのは、中学では「英検三級程度以上」、高校では「英検準二級程度以上」の力があると思われる生徒の割合である。割合が高いところほど、生徒の英語の力が高い、というわけだ。

英検の結果によって順位をつけているのだが、英検の受験状況は地域によって異なる。受験していない子も少なくない。そういう子については、英語教員が授業の様子から「三

（図表4－3）競わせる英語教育

「英検3級程度以上」の力があると思われる生徒の割合
<中学校>

上位の都道府県

1位	千葉県	52.1%
2位	秋田県	48.6%
3位	東京都	47.9%

下位の都道府県

45位	島根県	27.7%
46位	熊本県	26.9%
47位	高知県	25.8%

「英検準2級程度以上」の力があると思われる生徒の割合
<高校>

上位の都道府県

1位	群馬県	49.4%
2位	千葉県	45.5%
3位	福井県	42.5%

下位の都道府県

45位	福島県	24.6%
46位	和歌山県	22.5%
47位	沖縄県	21.8%

文部科学省による全国の公立中学・高校の生徒の英語力に関する2015年度調査結果

級程度以上の力がある」と判断することで結果を出している。かなり乱暴な、いい加減な調査である。

なぜ、そんな強引なことを文科省はやったのか。理由は明らかである。全国学力テスト(全国学力・学習状況調査等)の順位を公表することで、文科省は競争を煽り、テストでの成績を上げさせる仕組みをつくった。それと同じことで、順位をつけることで競争を煽り、成績を上げさせようとしているにすぎない。

◇英語を話す前に必要なこと

グローバル化といわれるなかで企業のビジネスが国際化してきているのは事実だ。その第一線で活躍してくれる人材を、企業は求めている。そこで必要なスキルの一つに英語力があることもまちがいない。

しかし、学校を卒業して社会に出ていく子どもたちの全員が、国際的なビジネスの場で働くわけではない。英語などまったく必要のない職業で活躍する子どもたちも少なくない。

求人情報サイトの「DODA」が、「グローバル採用の実態調査　二〇一四」を公表している。自社の保有する三〇万件以上の求人情報を分析したもので、そのなかに「英語力が必要な求人」という項目がある。それによれば、上級レベルの英語力（ビジネスにおける商談・交渉ができる）を求める求人は、二〇一一年が二九％、二〇一二年で二七％、二〇一三年で二六％、二〇一四年には二二％となっている。

英語力の必要な求人は減少しているわけだが、その理由を「求人数自体が大幅に増えている」ことを同サイトは挙げている。ともかく、英語力が必要とされる求人は、全体の三割にも満たないということだ。三割を絞り込むために競争が強いられる。その三割に入るために、文科省も保護者も小学生からの英語教育に熱を上げていることになる。

英語熱が高まるなかで、「英語を話す前に、話す内容を充実したものにする教育こそが大事だ」といった意見も多くなってきている。小学生時代には小学生でなければ学べないことがある。それを放っておいて英語に時間を取られるようなら、子どもの成長にとっては害になりかねない。あくまで言語はコミュニケーションの道具であり、英語は話せても話す内容のない人では、国際舞台で活躍することはできないはずだ。

教育の時間には限りがある。それを有効に使うためにも、ただ道具を与えるだけの、しかも不完全な形でしかない英語教育の強化は、子どもたちと教員の負担を重くするものでしかない。

子どもたちは「何のために」勉強しているのか

◇「いい大学」を卒業しなければならない？

子どもたちは忙しい。今や小学生でも学習塾に通うのは当然のようになっている。その傾向は都市部ほど強い。夜遅く、電車で学習塾から帰宅する子どもが少なくないのが現実だ。

いうまでもないが、子どもたちが学習塾に通うのは「入学試験」のためである。できるだけ「上」の学校に入学するために、子どもたちは夜遅くまで学習塾に通い、勉強する。休みが返上になることも少なくない。

なぜ、そこまで子どもたちは、がんばるのか。保護者に強制されている面は否めないが、それだけでは説明できないほどの子どもたちのがんばりようだ。

二〇一六年一月にベネッセ教育総合研究所が発表した「第五回学習基本調査」において、興味深い結果が発表されている。学校の勉強が何の役に立つか、を聞いた項目である。

それによれば、「いい大学を卒業すると将来、幸せになれる」という項目において、「とてもそう思う」と答えた子が四二・六％、「まあそう思う」が三五・五％を占めている。全体の七八・一％までが、いい大学を卒業すれば幸せになれると答えているのだ。一九九〇年に肯定した小学生は五九・三％だったので、一八・八％もアップしていることになる。

中学生でも「とてもそう思う」と「まあそう思う」と答えた割合は、一九九六年の四四・六％から、二〇一五年には六〇・六％となっている。一六％も増えているのだ。

冷静に考えてみれば、「いい大学」を卒業したからといって、必ず幸せになれるわけではない。いい大学を卒業しなくても、幸せになっている人はたくさんいる。しかし、幸せになるには「いい大学」を卒業しなければならないと考えている子どもが、全体の半分以上もいる。そこには保護者の意識も反映されているはずだ。

◇勉強は「一流の会社」に入るために必要

さらにベネッセ教育総合研究所の調査項目には、「学校の勉強は、次のことにどのくらい役立つと思いますか」という質問もある。これに対して「社会で役立つ人になるために」という答えに肯定的に答えた小学生は二〇一五年で八八・二％もいる。二〇〇六年でも八四・五％もいるのだ。

小学生でも社会に役立つことを考えている、と思いがちな結果である。ただ、小学生がそこまで考えるだろうか、との疑問も残る。子どもたちに答えそのものを考えさせるのではなく、用意された答えに賛成か反対かを聞く形式の調査なので、このあたりは注意する必要があるだろう。

そうだとしても、気になる項目がある。勉強が役に立つのは、「一流の会社に入るために」という答えに肯定を示した小学生は、二〇一五年で八五・二%もいる。中学生では八三・四%で、二〇〇六年より五・八%アップしている。

さらに、「お金持ちになるために」という答えも用意されているが、これには二〇一五年で小学生の五七・八%が肯定的に答えている。二〇〇六年からは一〇%も増えているのだ。

中学生でも、二〇一五年には六〇・七%を占めている。二〇〇六年が四九・三%なので、一一・四%もアップしていることになるのだ。

◇親の意識が子どもに伝わる

ここまでの結果でいえることは、いい大学を卒業すれば、いい会社に入れて、お金持ち

（図表4―4）今の子どもたちは何のために勉強をしているのか

Q. 学校の勉強は、次のことにどのくらい役立つと思いますか。

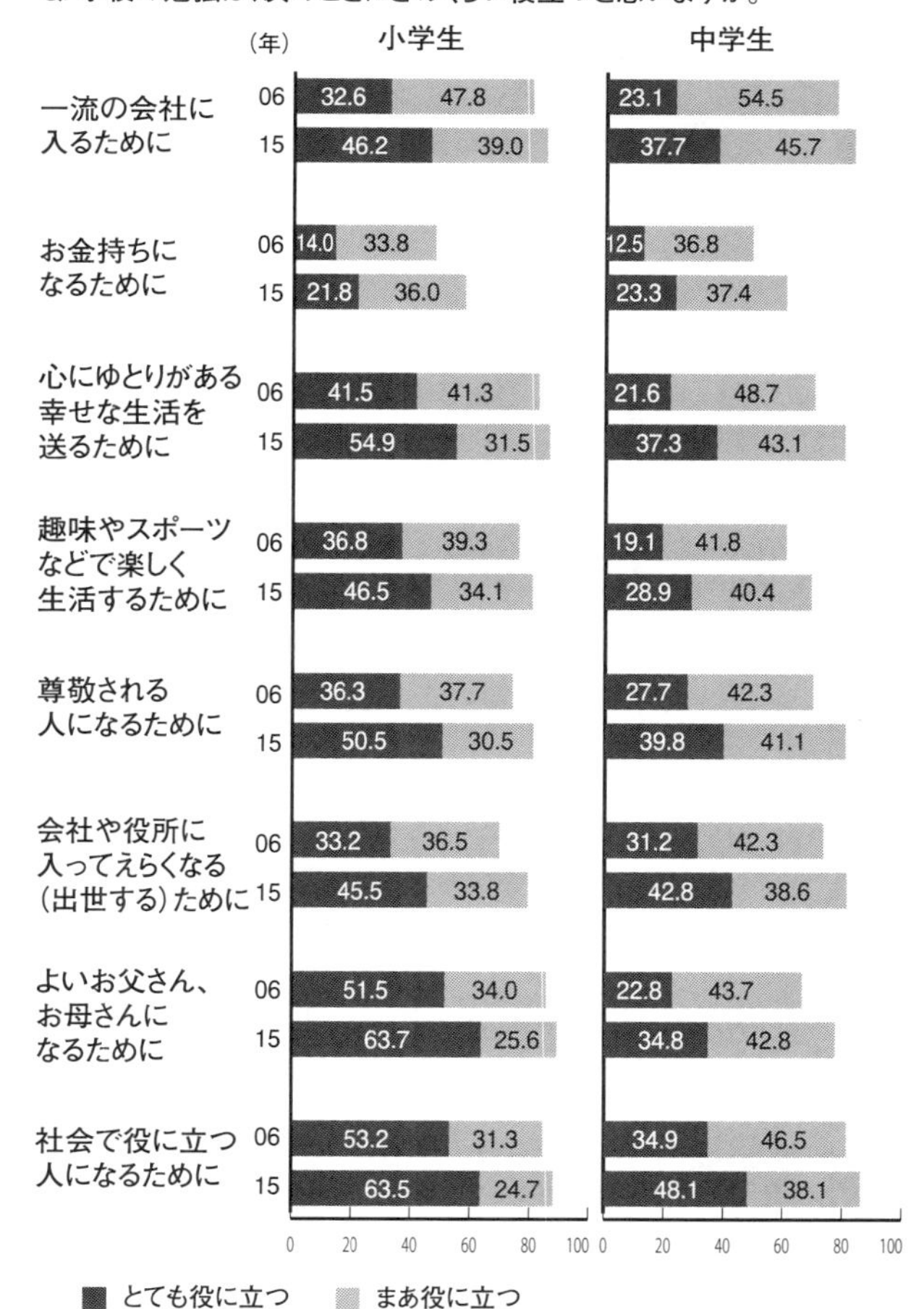

ベネッセ教育総合研究所「第5回学習基本調査」

（図表4−5）今の子どもたちが考える幸せ・社会について

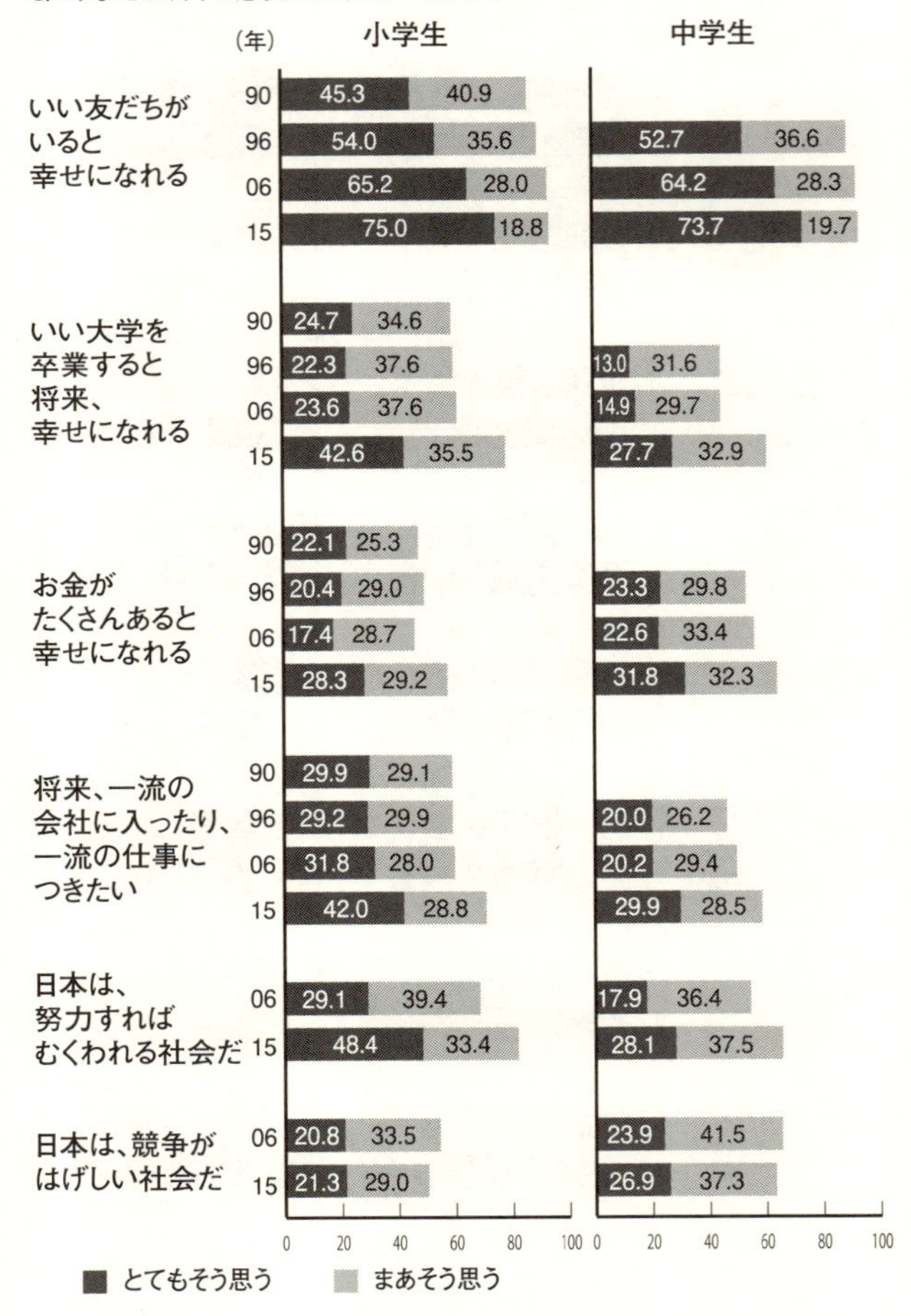

ベネッセ教育総合研究所「第5回学習基本調査」

になれる、という意識が子どもたちに急速に浸透しているということだ。繰り返すが、それは保護者の意識でもある。

だから、子どもたちは勉強する。夜遅くまで、休日も返上しながら、学習塾にも通うのだ。勉強が楽しいからではない。将来のお金が実現してくれるだろう幸せのために、子どもたちは必死に競争しているのだ。

それは、正規雇用は三割で、あとは低賃金の非正規雇用でいい、とする産業界の考えを見事といっていいほど受け入れている。頻繁に非正規の過酷な労働状態が報じられ、それは子どもたちの耳にも届いているのだろう。非正規になることの悲惨さを、親から聞かされているのかもしれない。

それによって、子どもたちは非正規に追い込まれることに恐怖している。そして、いい大学を卒業して、いい会社に入社することが、お金持ちになって幸せになることだと思い込もうとしている。そして、必死に競争している。それが健全な成長といえるのか、疑問でしかない。

子どもを学校に通わせる究極の目的は

◇公立と私立、かかる学習費の差は？

正規雇用への門が、どんどん狭くなっていることを親は実感している。産業界が目指している、ほとんどの労働者を低賃金の非正規雇用にしてしまう環境になる可能性が高まってきていることを、親たちは肌身で感じている。

だから、我が子には正規社員、しかも「一流」といわれている企業の正規社員になってもらいたいと願っている。どうにかして、そこに我が子を据えたいと思っている。

それには、有名大学に入学し、卒業することが越えなければならないハードルだと信じている。学歴社会は、親の立場としては「確信」なのだ。それが、学歴社会をエスカレートさせている。

高いハードルを越えさせるために、我が子の尻を叩く。それが、我が子の幸せにつながる、と思っているからだ。我が子が将来、辛い目に遭わないように、親たちは心の底から願っている。

ただ願って、見守るだけでは親の役割を果たしたことにならないのが現実だ。我が子の尻を叩くだけでいいなら、世の親たちは「楽だ」と思うかもしれない。我が子に有名大学入学という高いハードルを越えさせるために、親としては避けられない問題が横たわっている。それは、子どもの教育のために「お金を使う」ということである。

進学率の高い学校となると、まずは私立の有名校ということになる。改めていうまでもないが、私立に通わせるとなると、それなりのお金がかかる。

文科省による「平成二六年度　子供の学習費調査」によると、小学校で一年間にかかる学習費の総額は、公立で三二万一七〇八円である。これが私立になると、一五三万五七八九円に跳ね上がる。四・八倍もの差があるのだ。

中学になると、やや差は縮まるが、それでも公立と私立では二・八倍も違ってくる。公立で年間四八万一八四一円、私立では一三三万八六二三円となっている。

もちろん、これは平均であり、これ以上の学習費が必要な学校はたくさんある。そして、そうしたところほど、「人気校」でもある。

◇貧乏人の子は立派な学歴が手に入らない？

子どもにかかる学習費は、これだけではない。これだけの金額を注ぎ込む前に、そのための「資格」を手に入れなければならない。つまり入学試験に合格するという資格である。

そのために、子どもたちは学習塾へ通う。学校の授業だけで足りないのはもちろん、自分一人の努力だけでは越えることが難しくなってきているのが受験という壁なのだ。

その学習塾の費用が決して安くない。学習塾によって、受講している形態の違いによってさまざまだが、小学六年生では夏期講習や冬期講習なども含めると年間、平均でも一二〇万円くらいが必要といわれている。五年生以下の場合は、そこまではかからないものの、五〇万円ほどは確実にかかるという。小学四年生から六年生まで学習塾に通い続けたとしたら、平均でも計二〇〇万円以上の費用が必要になってくるというわけだ。

国税庁が発表している「民間給与実態統計調査」をベースにした、二〇一五年の日本人の平均年収は四二〇万円となっている。単純にいえば、年収の半分に当たる額が、我が子を学習塾に通わせる費用として消えてしまうのだ。これに学校にかかる費用まで加えれば、親の負担はとんでもないものになる。

貧乏人の子は立派な学歴が手に入らない、という学歴格差が生まれてしまうのだ。それ

(図表4−6)経済格差は教育格差・学歴格差につながる…?

年齢別及び学年別に見た学習費総額

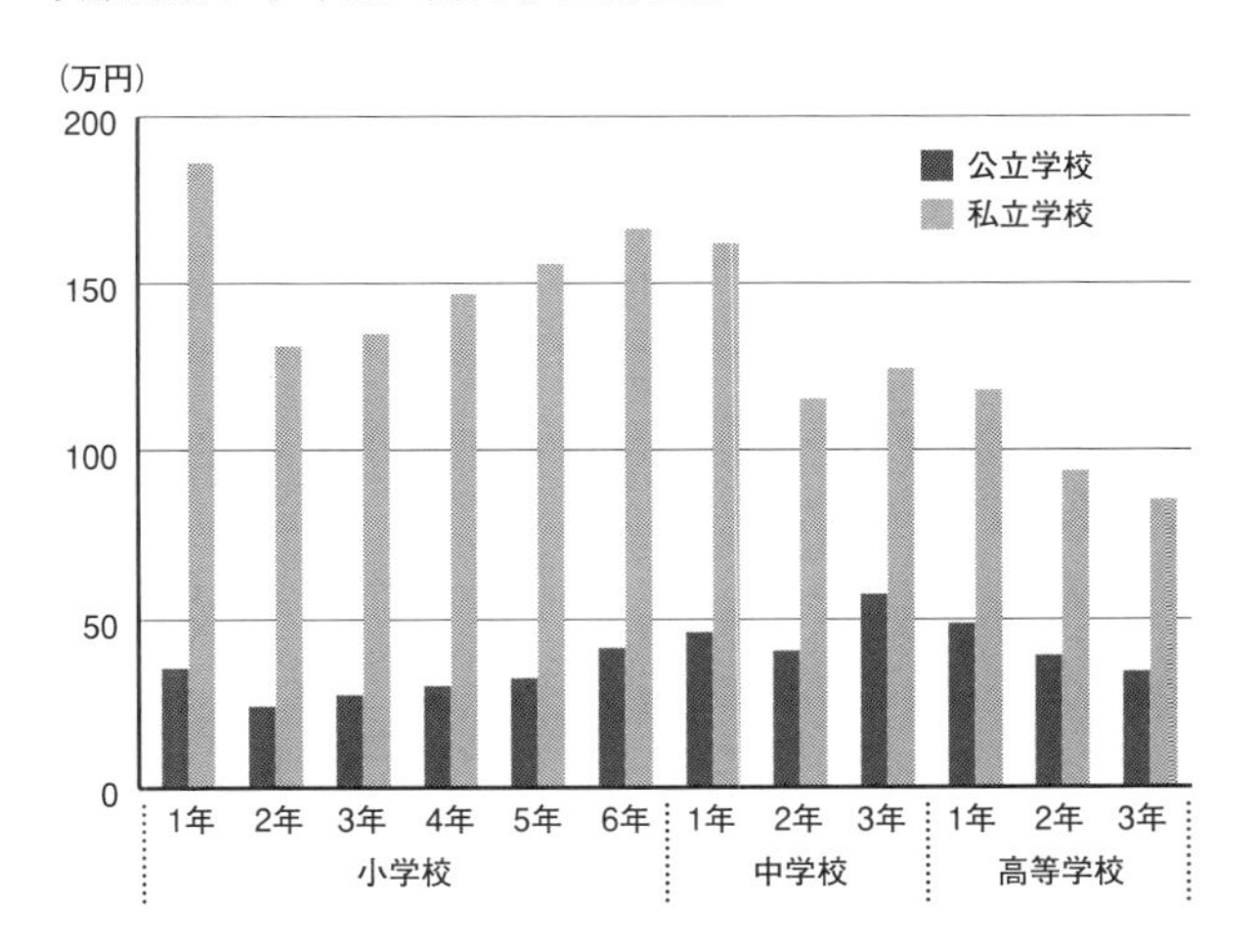

学校種別学習費総額の推移

区分	小学校		中学校		高等学校(全日制)	
	公立	私立	公立	私立	公立	私立
学習費総額(円)	321,708	1,535,789	481,841	1,338,623	409,979	995,295
公私比率	1	4.8	1	2.8	1	2.4
うち学校教育費	59,228	885,639	128,964	1,022,397	242,692	740,144
うち学校給食費	43,176	46,089	38,422	4,154	−	−
うち学校外活動費	219,304	604,061	314,455	312,072	167,287	255,151

文部科学省「平成26年度　子供の学習費調査」

でも親たちは、収入の多くを教育費に割かなくてはならなくても、ほかを切り詰めて切り詰めて、我が子を「いい大学」に入れる努力を続けている。

我が子に有名大学卒業の肩書をつけるために、親はこれくらいの出費を覚悟しなければならないし、それだけのものが捻出できる経済的基盤がなければならない。かなりの出費をしたとしても、それで我が子の有名大学卒業や一流といわれる企業への入社が約束されるわけでもない。

しかも、一流大学から一流企業というコースを歩んだからといって、すべての子どもが幸せになれる保証もないのだ。

◇学校のブラック化を止めること＝子どもの可能性を広げること

とはいえ、我が子に最大の愛情を注ぐ最大の存在が親であることに疑いの余地はない。「勉強しろ」とうるさくいうのも、無理してでも進学資金を捻出するのも、すべては我が子への愛情表現にほかならない。ただ、それが狭い視野しか持たない愛情では、子どもを追い詰めるし、学校をブラック化させることにしかならない。

二〇一六年九月、山口県は初めて、大学生や高校生の子どもを持つ保護者を対象に、県内の企業を見学するツアーを開いた。成長性が高く、労働環境が整っている企業が地元にも多く存在することを、保護者に理解してもらうためだ。

同じような試みは、全国各地で始まりつつある。そうしたツアーを通して中小企業の魅力を知ることで、一流企業にしか我が子の幸せはないと頑（かたく）なに思い込んでいた考えを保護者が改める例は多いという。

視野を広げることで、愛情の注ぎ方はワンパターンでないことを、保護者は知ることができる。テストで点数を取る学力や、有名校に合格することだけが、子どもの幸せを決めるものではないことを知るはずである。それは、子どもの可能性を広げることにもなる。

同じことは、教員にもいえる。学力や入試だけが学校のすべてではない。もっと子ども一人ひとりの可能性を広げる環境づくりについて真剣に考えるべきときにきている。

保護者と教員が視野を広げ、本当に子どもの成長を支援する学校づくりを考え、実践することが、学校の可能性を広げることにつながる。それは、学校のブラック化を止めることにもなる。

おわりに――改善の第一歩は「現実を正しく知る」ことから

文部科学省（文科省）が二〇一六年一〇月二七日に公表した全国の小中高校と特別支援学校で二〇一五年度中に認知されたいじめは二二万四五四〇件と、過去最高になった。

この結果が公表される三日前の二四日、いじめを防ぐ対策を議論してきた文科省の有識者会議は、教職員の業務のなかで「自殺予防、いじめへの対応を最優先の事項に位置づける」とする提言案をまとめている。教職員が対応を最優先すれば、自殺やいじめはなくなる、という理屈だ。

教職員が自殺予防やいじめ対応に当たるのは当然なことである。しかし、それを「最優先」と位置づけることには違和感を覚えないではいられない。

これが最優先なら、授業の準備や学校行事などは「二の次にしていい」ということになる。もちろん、そんなことをいえば、文科省も有識者会議も否定するはずである。

自殺予防やいじめ対策と同様に、授業準備や学校行事なども最優先と、文科省も有識者会議も口をそろえていうにちがいない。つまり教員にしてみれば、最優先が一つ増えただけのことなのだ。

教員にとっては、あれもこれも最優先である。自殺予防やいじめ対応については有識者会議が言葉にしたが、授業準備や学校行事などについては無言での最優先圧力がかかっている。

そして、自殺予防やいじめ対応を「最優先」といわれなければならないほど、教員が軽視してきたわけでもない。重視してきたつもりでも、「手が回らない」という事情があったのだ。

教員にしてみれば、あれもこれも最優先と押しつけられているのが現状である。教員の数が足りているならいいが、とても、そんな状況にないのが学校だ。最優先という言葉だけで満足な対応を求められても、それは酷な話でしかない。

といって、だから対応できなくても仕方ない、で済まされる問題でもない。満足な対応のできる体制をつくれる案を出し、それを実行することが有識者会議なり文科省の役割である。

もちろん、文科省や有識者会議だけの問題ではない。

二〇一六年一一月四日の財政制度審議会分科会で財務省は、少子化にともない、現在の教育水準を維持したままでも、一〇年後には公立小中学校で約五万人の教員を削減できるとの試算を発表した。子どもの数が減るから教員も減らせばいい、との発想である。

これに対して文科省は、「特別な支援が必要な子どもが増えている現状を加味していない」と反論した。

夫婦共稼ぎが増えているなかで、親が子どもに関わる時間はどんどん少なくなってきている。そうした家庭の事情が子どもに与えている影響は、かなり大きい。社会的にも子どもにかかるストレスは大きくなっており、それが影響を与えている。「障害」と分類される子どもも増えているが、そこまでではなくても問題のある子どもは確実に多くなってきている。

そうしたなかで、一人ひとりの子どもに対して、きめ細かな対応が迫られている。少子化だから手もかからない、と考えるのは明らかに誤解であり、間違いでしかない。文科省が財務省を「現状を加味していない」と批判するのは、そうした事情を財務省が理解していないからである。

現状を理解せずに、単純に子どもの数が減っているからと教員の数も減らせば、教員の負担はますます増すばかりである。学校のブラック化は進行し、そのしわ寄せは、まちがいなく子どもたちにおよんでくる。

財務省だけでなく、学校の現状を理解していない人は想像以上に多い。知っているつもりになっているが、実は知らないことだらけなのだ。

他人事ではない。わたし自身にしても、今回の取材で、ここまでの状態に学校がなっていることを知って愕然とした。

知っているつもりの人は多いが、本当の状況を知っている人は、実は少ない。にもかかわらず、知ったつもりで学校や教員に文句をいったり、注文をつけている。

これでは、学校が混乱するのは無理もない。混乱するだけでなく、学校のブラック化を加速させることにしかならない。

ブラック化をストップさせるために必要なことは、本当の学校の状況を、より多くの人が理解することではないだろうか。本当の状況を理解する人が増えていけば、そこから学校を改善していく知恵も行動も、きっと出てくるにちがいない。それを願ってやまない。

本書のために、多くの方々に忙しいなか時間を割いていただき、ご教示いただいた。この場を借りて、感謝もうしあげたい。本文中での氏名の敬称は省かせていただきました。ご了解いただければ幸いです。そして、プライム涌光の中野和彦編集長には企画段階から最後まで、いろいろアドバイスをいただくとともに実務を担っていただいた。ありがとうございました。

前屋　毅

青春新書
INTELLIGENCE

こころ涌き立つ「知」の冒険

いまを生きる

"青春新書"は昭和三一年に──若い日に常にあなたの心の友として、その糧となり実になる多様な知恵が、生きる指標として勇気と力になり、すぐに役立つ──をモットーに創刊された。

そして昭和三八年、新しい時代の気運の中で、新書"プレイブックス"にその役目のバトンを渡した。「人生を自由自在に活動(プレイ)する」のキャッチコピーのもと──すべてのうっ積を吹きとばし、自由闊達な活動力を培養し、勇気と自信を生み出す最も楽しいシリーズ──となった。

いまや、私たちはバブル経済崩壊後の混沌とした価値観のただ中にいる。その価値観は常に未曾有の変貌を見せ、社会は少子高齢化し、地球規模の環境問題等は解決の兆しを見せない。私たちはあらゆる不安と懐疑に対峙している。

本シリーズ"青春新書インテリジェンス"はまさに、この時代の欲求によってプレイブックスから分化・刊行された。それは即ち、「心の中に自らの青春の輝きを失わない旺盛な知力、活力への欲求」に他ならない。応えるべきキャッチコピーは「こころ涌き立つ"知"の冒険」である。

予測のつかない時代にあって、一人ひとりの足元を照らし出すシリーズでありたいと願う。青春出版社は本年創業五〇周年を迎えた。これはひとえに長年に亘る多くの読者の熱いご支持の賜物である。社員一同深く感謝し、より一層世の中に希望と勇気の明るい光を放つ書籍を出版すべく、鋭意志すものである。

平成一七年

刊行者　小澤源太郎

著者紹介

前屋　毅〈まえや　つよし〉

1954年鹿児島県生まれ。フリージャーナリスト。法政大学第二社会学部卒業。立花隆氏や田原総一朗氏の取材スタッフ、『週刊ポスト』記者を経てフリーに。教育、経済、社会の問題をテーマに取り組んでいる。著書に『日本の小さな大企業』(小社刊)のほか、『学校が学習塾にのみこまれる日』(朝日新聞社)、『ほんとうの教育をとりもどす』(共栄書房)などがある。

ブラック化する学校　　青春新書 INTELLIGENCE

2017年2月15日　第1刷

著者　前屋　毅

発行者　小澤源太郎

責任編集　株式会社プライム涌光

電話　編集部　03(3203)2850

発行所　東京都新宿区若松町12番1号 〒162-0056　株式会社青春出版社

電話　営業部　03(3207)1916　振替番号　00190-7-98602

印刷・中央精版印刷　製本・ナショナル製本

ISBN978-4-413-04507-0